Seadove

Seadove

【小人要防，君子更要防！】

我就是要教你玩陰的

章岩 著

在職場上，
升官的絕不是最聰明、
最努力的那個人

人在職場，七分假，三分真。

最後一張牌，永遠藏在口袋裡，
不到萬不得已，絕不能甩出來。

一個人要想在職場裡吃得香，喝得辣，混得開，
就得記住這句話：有時候自己都不可靠，
何況別人？

序：老祖宗用鮮血和腦漿寫下來的忠告

無論古今，官場從來都是步步驚心。作為權益的集散地，官場從來沒有真正「安全」的時期，套用在現代就更適合運用在職場上。不管是身在高位，還是剛剛走進職場，不管背後有「山」，還是無「山」，能夠真正保護自己的永遠是自己的耐性。

現代職場中，所有結交手段中，最直接、最廉價、最有效的手法就是——點頭。對不同人點頭，意義是不一樣的：對不認識的人點頭，是友善；對淺交者點頭，是示好；對職場密友點頭，是默契。而對政敵點頭，是強化自己的意識——「走著瞧，看誰笑到最後。」

中國幾千年的生存規則告訴你，小人要防，君子也要防。不防小人，小人做壞事的屎盆子就會扣在你的頭上，摘也摘不掉，因為你對下屬負有直接責任。不防君子，只要你做得稍有不好，就可能被君子揭竿而起，起來取代你！

做職場的夾心餅乾很危險，但是危險背後可能也是更大的機遇。因為夾心就意味著得到雙方的「注意」，甚至可能是欣賞，所以才會需要夾心來表態。從這個方面說，如果和事佬做得不錯，兩面都能得到認可，那麼不管任何一方上任，你都會得到提升。

職場中，主角有主角的地位，龍套有龍套的地位。即使相同的話，主角能說，龍套卻不能說，很簡單，地位不同。

古代不同職位的官員穿什麼衣服、戴什麼帽子，坐什麼轎子、甚至家門口的石獅子身上的毛都不能一樣。一樣了，就越權，就是以下犯上，如果你以下犯上的對象是皇帝，你就等於死了。

幾千年前就有了「成王敗寇」的規律，古代中國的官場文化也是傾向如此，所謂「富在深山有遠親」，而窮在身邊也可以成為路人甲。職場更是得失之間，各類人馬紛紛變臉。得勢的時候，八竿子打不著的人也會滿臉堆笑，而失勢時，則人走茶涼，門可羅雀。

職場上有些事，即使有能力也不能強出頭。因為做得越多，犯錯的機率就越高，而自己過多地占用其他人的「機會」，那麼就會引來他人的妒忌和反感，最後不僅在上司那裡吃力不討好，還會引起同事的排擠。

大多人都知道，「說話」是個勞心費神的事情。每個王朝總是有幾個勇於納諫、忠肝義膽的人，但是遇到了昏君，非但沒有說服上級，反而毫無意義地送掉了性命。而那些在後面「中庸」處事的人，卻躲過刀鋒，安享到晚年。少說話，晚說話，說糊塗話，就成為古代官場的特色。

作為上級，本身自己就處於「顯露」狀態，而下屬則處於「隱藏」狀態，聽到、看到的都是好聽、好看的。而缺席恰好將下屬和上級的「明暗」做了對調。所以缺席並不代表不關注你的下屬。而是在缺席的時候，你才會看到下屬最真實的態度。一些欺上媚下的人，往往在你缺席時表現明顯。而那些本來對自己忠心的人，也就顯露出來。你也就明白誰為我所用了。

承諾是上級馭人的手段。作為上位者，需要下位者為自己服務，在自己用人的時候有可用之人。尤其當下屬比較優秀，或者上位者急缺人手的時候，下位者求去，上位者就會進行挽留。提拔就自然而然搬上臺面。所以承諾可信，但不可全信，它是上司的一種意圖，並不代表一定會實現。

職場中，牢騷話不能隨便說。如果一定要說，可以把握這樣的原則：**說古不說今、說外不說中、說遠不說近。**

有句話說：「你是不是重要人物，看你每天做什麼事就知道；你能不能成為重要人物，看你每天做什麼事就知道。」或職場，或人生，這個道理是通用的。做的事情越多的，時間越不夠用的，往往都是些打雜底層的人；越往上走，地位越高、職位越重的，閒餘時間越多，因為他們只負責處理最關鍵的事務，所以節省了大量的時間，用來思考和籌畫未來的發展。所以不懂得拒絕無關緊要的事情，你就慢慢變成一個不重要的人；做不重要的事情，你就成不了重要的人物。

在職場上，你可以有性格，但不能有個性；可以很專業，但絕不能高調；可以很強大，但萬萬不可表現得比別人更強大。這就是個性定律，在職場裡混絕不能有個性，因為有個性的職員都沒什麼好下場。

聰明不是擺在貨架上讓人看的，而是放在口袋自己用的。職場就像一條河，河水時而平靜，時而洶湧。常在河裡走，最要緊的事情不是看著前方，而是緊盯腳下，哪兒有暗坑，哪兒是爛泥，步步謹慎，才能站得住，走得穩！

在職場，最會講壞話的，往往是那些平時話不多的人。他們在說話這方面，不顯眼，也不出風頭，給人一種說話份量很重的印象：我這人要麼不說話，要麼就講實話。偽裝得很好！所以他們一張口，說的話就會引起人的重視。再加上擅於語言包裝，他們講出的「壞話」，殺傷力極大。

有些人，他們坐在辦公室裡，平時很精明強幹，但你只要問他一些要緊的問題，他就顧左右而言它，一副聽不懂的表情，讓你無可奈何，又氣又笑，覺得這人很讓人鄙視，其實這傢伙深諳高明的生存術，不知摔了多少次跤才修煉到的境界。

一個副職，太能幹了，正的就不高興，因為你功高蓋主，威脅到他的地位，他就要想辦法整你；你太窩囊了，底下的人瞧不起你，背後就會議論你，讓你夾在中間裡外不是人，前途也受影響。

職場的「陪襯法則」講的就是怎麼當好副職，如何做好正職的陪襯，既要讓主管高興，還得適時展現自己的能力，讓下屬佩服。這是一門硬功夫。

上司對你說「我很信任你」，事實上可能對你極不信任。因為信任是不必說的，刻意說出來的一定有假。當他對你表態時，很可能正在調查你，或者想拿下你。因為不知道你是不是察覺到了他的意圖，所以才會用這種方式進行試探。

如果一個主管發現自己每次出現在辦公室時，屬下個個噤聲工作，大氣不敢喘一下，而自己走後，辦公室馬上就會傳來歡笑聲，那就說明他是不稱職的，這種形態便非常危險，對工作不利，對他自己也不利。主管不僅要讓員工畏懼，更重要的是他的存在不能使工作氣氛冷熱不定兩極化。好的主管都是辦公室的調節劑，他出現時下屬工作更努力，他走後也不會有人把腳放到桌子上——發出「終於解放了」的感慨。

加班要讓主管看見。陪著主管加班，就是最好的表現。因為人都有一種尋求患難與共的心理，通常主管加班也是不情願的，誰不想下班休息啊！此時如果他看到一名屬下也在陪著自己孤軍奮戰，可想而知他對你的印象會有多好！他對你簡直會有一種油然而生的親切感！

人在職場，找人辦事，找十個小人物比不上找一個大人物。所以在行動之前，得先把備選的人分析一遍，到底哪個是一號，哪個只是二號、三號，找準目標再行動，否則就可能事情辦不成還被整。身在職場要找個靠山，道理也是一樣的，就要找那些真正有品格的，別找到最後一個跑龍套的角色，為小弟當小弟，那副滋味可一點也不好受！

有人說，真正的朋友，一是隨時可以借錢的；二是隨時可以打電話的。想想看確實有道理，但在職場，這兩者也都靠不住。因為你春風得意時，每個人都想借給你錢，都想隨時接到你的電話，一旦你出了事，情況就不同了。有錢的變成了「窮鬼」，有時間的成了「大忙人」，平時跟你熟的瞬間化為「陌路人」。到那時你才知道，原來他們都是假朋友，以前的熱情不過是在演戲。

小圈子定大事，大會議卻是走排場。所有重要決議，都將在會議結束或者午餐前最後五分鐘完成，中間的漫長時間，不過是走過場，練耐力。參加的人越多，會議的內容反而是在講空話練口才，而真正重要的問題，卻都在主要主管之間召開的祕密會議中決定。這就是公司的會議定律。

職場不僅僅是幾間辦公室，一群泡茶喝水的人，而且是一個大的生態場，足以讓你窺一孔而知全豹，從中洞明世事，參透人情。如果不懂得變化，多為自己準備幾張面具，做幾個應對的備份，就會臨陣失機，讓人搶了先，出了風頭。而且我們就算為自己留退路，也不可能只備一條「華容道」。手中拿著屠龍刀，懷裡穿著金絲甲，再扛一柄威力無比的霸王槍，能攻能守，進退有據，那才能從容不迫地應對公司的各種突發情況。

挨罵的不一定是英才，但一定是受主管喜歡的人。主管常讓他辦事，尤其總讓他為自己辦些私事，免不了就得訓斥兩句。這跟自家孩子一樣，說訓就訓。別人家的孩子，你會動不動就開口訓斥嗎？所以挨罵的是家人，不挨罵的只是路人。就像和珅，他貪汙腐敗，無惡不作，皇帝也整天罵得他狗血淋頭，可是他就是倒不了，奧妙就在於此！

人在官場，七分假，三分真。最後一張牌，永遠藏在口袋裡，不到萬不得已，絕不能甩出來。一個人要想在公司裡吃得香，喝得辣，混得開，就得記住這句話：有時候自己都不可靠，何況別人？沒有人會真心實意地幫助你，更不會有人終生為你保守祕密。所以我們還是把祕密鎖在心裡吧，它就是你的未來前程、身家性命！

目錄

第二章 你可以不聰明，但不可以不小心

在職場，你可以不聰明，但不可以不小心。你是庸人沒關係，這個世界自有庸人立足之地，庸人也能活得快樂無比，風光無限；是白癡也行，白癡在職場也自有妙用，有時越白癡反而升得越快，但就是不能做粗心鬼。

第五章

怎樣做才能成為「職場不倒翁」

馮道是個職場老手。作為唐宋之間五代亂世的一名大臣，歷經五朝，換了十一位君主。朝朝為公卿，三次拜相，相位長達二十餘年。死後被追封為「瀛王」。所以，變動中也有不動。當職場人事變動，主管變了，你應該怎麼變，怎樣做才能成為「職場不倒翁」？

第六章 如何增加你的威望

如果你是一名職場領導者，越常被人們看到和聽到，你就顯得越普通。如果你已經在一個隊伍中建立自己的地位，暫時退出一下，這會讓你成為人們談論的話題，而且獲得更多的尊重。你必須學會在什麼時候應該離開，從畏懼中增加你的價值。

第七章 永遠不要比你的上司更出色

好出風頭的人一定會被打壓；木秀於林風必摧之，露頭的鳥一定是獵人的目標。只有上司舒心，自己才能放心；讓上司擔心，那自己只能是煩心，甚至會被幹掉。這就是槍打出頭鳥定律：任何時候，都不要比你的上司都出色。

第八章 朋友多了路未必好走——找說了算的人

找人辦事，找十個小人物不如找一個大人物。說了算的人才能真正幫你搞定頭疼的事！人在職場裡想找人辦事，得先把備選的人分析一遍，到底哪個是一號，哪個只是二號三號，找準目標再行動，否則就可能事情辦不成還挨一頓整。

第九章 永遠要留有後手

剪指甲，多數人都是用右手，但我們的右手未必永遠管用，所以學會用左手剪指甲，還是很有必要的。職場是個變幻莫測的爭鬥場，名利場，一個人只有做多手的準備，事事都為自己提供多套選擇方案，才能游刃有餘。狡兔有三窟，才可進可退，進可攻，退可守。

第一章　不要把喜怒掛在臉上

機關機關，處處機關。如果你將喜怒掛在臉上，被別人一窺內裡，就很可能中了別人的「機關」。機關中的機關，就是如此簡單和神妙！

職場第一要義——有耐性不怕煩

請牢記職場警世恆言——職場裡混以耐煩為第一要義！

因為身在職場會遇到許多煩事，還必須要處理許多煩事。有的人處理一件煩事還可以，處理兩件煩事也還勉強，但三件或三件以上的煩事就耐不住了。這樣就有可能心浮氣躁，做出不理性的事，對自己帶來滅頂之災。

在職場裡，少不了會有各種的瑣事纏身，你是否經常感到不耐煩？

如果你經常感到不耐煩，並且還經常表現在臉上，那我幾乎可以斷定：你的職場之路將會走得無比艱難！因為在職場裡混，不耐煩的情緒會要了你的命！

但在事實上又如何呢？我接觸過不少人，發現他們在說話做事中無一例外總會流露不耐煩的神情，與此同時，我也接觸過很多高階主管，發現這些人總是穩如泰山，哪怕遇到自己最討厭最反感的人和事，也絲毫不會露出自己不耐煩的神情。可以說，他們之所以坐上今天的位置，首先靠的就是自己不怕麻煩的心理素質！

其實這個道理，古人早已明白。在翻閱《曾國藩家書》時，我看到曾國藩告誡弟弟的一句話，他說：「居官以耐煩為第一要義。」耐煩，即隱忍，渾厚而不抱怨。正是曾國藩像千年老龜一樣的「堅忍卓絕之行」，使得他游刃有餘行走於晚清王朝的政治舞臺。曾國藩之所以被稱為「職場不倒翁」，法寶就是靠這個。

曾國藩在官場與人交往，從來都是很有耐性的，他深深知道，作為一名官場人員，如果因為內心的不耐煩，就去輕率顯示自己，去搶口舌的一時之快，就會為自己招來無妄之災，為自己挖一個萬劫不復的墳墓。所以他做什麼事都是戰戰兢兢、如履薄冰，不慌不亂，張弛有道。毫無疑問，耐煩是曾國藩在官場混的潛規則！

不怕煩可以讓你在職場中保全自我。職場競爭，處處陷阱，為了權益，每個人都最大化地玩弄手段。對於職場的弱者來說，耐煩是保存自我的最好手段。古人說：「潛龍勿用。」也就是說，當你是一隻成長中的「弱龍」時，你不可以張牙舞爪，要潛伏起來，不怕麻煩地對待一切人和事！但對於強者來說，耐煩難道就不需要了嗎？錯！強者更需要耐煩！因為只有不怕煩的態度才可以保存強者的實力，掩藏強者的野心，不被上司察覺，不功高蓋主，以免被「記恨在心」，除之後快。縱觀二十四史，太多氣勢極盛的功臣名將就這樣腦漿塗地，沒有死於敵人的劍下，而冤死於自己人的手中。這樣的死法很可憐，也確實很傻。

真正的高手，從來不會讓自己走上這條不歸路。歷史上，真正的隱忍大師莫過於三國曹魏的司馬懿。二十幾歲的司馬懿，算是個世外高人。當曹操聽到有此人，請他出山。司馬懿不肯、裝病，被曹操發覺，於是發出狠話，不出仕就殺掉。無奈，司馬懿被逼上曹魏政壇。曹操萬萬沒有想到，這次逼司馬，會導致自己的子孫被司馬逼死。

走上曹魏政壇後，司馬懿過的並不風光。在期間，還有幾次的大起大落，但這並沒有削弱他的真正實力，反而讓他更加隱藏自己，更加地隱忍和耐煩，他把自己的內心煉成一種「刀槍不入」的境界。

就這樣，他一步步接近權力中心。五十年後，曹操死了，曹丕死了，司馬懿的耐煩精神，熬到曹魏兩代強人都死光光，這個時候他才顯現出「狼子野心」和驚人的權謀心機，最終掌握了曹魏大權，為司馬晉朝打下穩固基礎。

當然歷史上司馬懿並不多見，幾十年的隱忍也不多見，所以真正因為隱忍成功的人也不多見。靠隱忍取得較大成功的，除了司馬懿還有明朝萬曆年間的首輔大臣張居正。不過，首輔張大人雖然靠隱忍發家，但是因為位高權重，當萬曆帝執政後，張大人病倒之後，張家就被抄家了。像這種情況，在政府職場中其實是十分常見的。越是地位高的人，越容易犯不耐煩的臭毛病。看看現在論壇和政治新聞就知道了，很多人不經意就栽在上面。

過高的權威，本身就是一種「鋒芒」，引人嫉妒和防範，如果張大人早些放棄權威歸隱，抄家的機率就會大大降低。再聰明的人在權利春藥的功效下，也容易犯迷糊。

作為權益的集散地，職場從來沒有真正「安全」的時期。所以，無論古今，職場從來都是步步驚心。不管是身在高位，還是剛剛走進職場，不管背後有「山」，還是無「山」，能夠真正保護自己的永遠是自己的耐煩。

不懂得耐煩，因為上司的某個訓斥，就和上司對抗爭鋒，即使你是對的，也會讓你失去原有優勢，堵住自己的晉升之路。而在下屬面前毫無顧忌，就會被眾人懷恨在心，為將來的升遷之路埋下地雷，遲早在陰溝裡翻船。

當然，職場中，耐煩並不僅僅是忍術，為了忍耐某種人、某個環境而被逼如此。**耐煩是在退中求進，是除去眼前的煩惱，耐心地等待時機，並且時刻籌畫好自己下一步去怎麼走。**只有這樣，忍耐才會是有價值的，否則忍耐就沒有作為。那麼，就算是忍耐一輩子，在職場也是毫無建樹，只是原地踏步的小職員而已。

所以，真正耐煩的人，都是有遠見的，從來不會對眼前的利益心動，也不會為眼前的煩惱自找麻煩。有句話說：「人無遠慮，必有近憂」，職場中，爾虞我詐是是非非，天天上演，頂著這些只會讓自己眼花繚亂，從而忘記自己最初的方向。

安靜下來，多謀劃、多思考，潛伏起來，只有這樣，做事的時候，你才能專注，與人溝通時，才能圓通。自然，這樣才能成就自己，鴻運亨通！

頭要不斷地點，腳要不停地踩

當連戰選擇從政後，連震東這樣教導兒子：「為官如騎腳踏車，頭不斷地點，腳不停地踩！」點頭，表示尊重別人；腳踩，一是自己實幹，二是時刻踩別人。可以說，這兩句話是古今中外職場的處世精髓。

官場是講究禮儀的地方，講究實幹的地方，同樣還必須講謀略。這是因為不講禮儀會被人看做不懂人情世故，不實幹會被當做花架子，不講究謀略會被別人從背後玩你！任何一個方面出問題，就足以讓你人仰馬翻！

說到這裡，或許有人會說：中國人就喜歡玩這一套，我去外國發展好了！這樣就真的可以一勞永逸了嗎？

事實上，不僅中國如此，國外的職場更是如此！這正是在職場混的危險之處，整個世界都是這樣，這是因為人性如此。當然，如果你掌握了其中的生存訣竅，自然就能游刃有餘了。

具體而言，我們到底應該怎麼做呢？

記得以前讀過一本雜誌，名字我忘記了，上面記載了這樣一件事——當連戰選擇從政後，連震東這樣教導兒子：「為官如騎腳踏車，頭要不斷地點，腳要不停地踩。」這句話很短，很簡單，但是內涵很豐富，如果你揣摩和應用得當，相信一定有助於你的前途。

頭不斷地點，其實說的就是禮儀，表示你要對周圍人們的尊重，包括你的朋友和對手，上司和下屬，以及你要在公眾場合面對的芸芸老百姓，甚至是一名警衛或者清潔人員，都需要你真正地表示尊重！

腳不停地踩，有兩層含義：一是說要真正實幹，做出業績出來；二是時刻踩別人，在別人的肩頭和身體上，不斷提升自己的位置。用力地踩，就像踩水車，這需要踏踏實實地努力，這樣才能有好的結果。同時用力地踩，把你的競爭對手踩下去，踩在他們的肩膀或者頭上，這樣你才能青雲直上，步步高升。

可以說，這兩句話是古今中外職場的處世精髓。

具體的理解如下：

職場裡混要結善緣，頭要不中斷的點

走馬職場，魚龍混雜，是敵是友，需要看清楚。誰可以提拔你，誰可能打擊你，更要一眼看穿。職場從來不是一個人的事，需要及時結善避惡。否則沒有善緣，你就會因一人之怒，而前途渺茫。相反的，有了善緣，就會因一人之好，柳暗花明，成功升官。

職場中，所有結交手段中，最直接、最廉價、最有效的手法就是——點頭。對不同人點頭，意義是不一樣的——對不認識的人點頭，是友善；對淺交者點頭，是示好；對同事密友點頭，是默契。而對政敵點頭，是強化自己的意識——「走著瞧，看誰笑到最後。」

除點頭外，結交善緣的另一手段就是微笑。所有表情中，微笑是最容易接受和親近的表情。不過微笑也要因人而異。在職場中，微笑還具有一些深層意義。升官後，你最好不要張揚地微笑，因為要警惕被人妒忌。還有很多小人，背後對人設圈套後偷偷微笑，這是一種陰險的流露。而如果你在交往中，看到「大人物」的微笑不合時宜地出現，就意味著部門要變天了！等著瞧吧，很快就會有一場好戲轟轟烈烈地上演了！

點頭和微笑無論意味著什麼，都是行走職場結交善緣的法寶。尤其在敵我不明時，一個無意義的「瞪眼」可能把中立者推到敵對的陣營中，而示好的微笑則為自己壯大了勢力，無形中爭取到了更多的同盟者。

總結說，無論對任何人都要謙虛地點頭，善意地微笑。

做實事，腳要不停的踩

只會點頭微笑，就會被定義為馬屁者，成為大人物的「弄臣」和「玩偶」，這樣的話，你的下場不是被人拿腳往上踩，就是被推出去擋子彈。因為諂媚的人沒有真正「創造效益」的實用價值。所以，想要微笑和點頭有結交善緣作用，還需要實幹作為支撐。

職場裡混，只有腳踏實地去實幹，用力地去踩堅實的大地，才會走得穩，才會得到更多人的重視和賞識。一個優秀的實幹者，往往是兩個對立主管的爭奪對象。對於主管來說，將之收之麾下，不僅添了名虎將，還少了位敵人。如果你想要升職，獲得上級的注意，那麼，真才實學，踏踏實實去做，將是獲得上司關注的最佳方式。另外，實幹者，於國家，於百姓，都是大有裨益的。

有句話說：「空談誤國，實幹興邦」！雖然不一定事事躬親，但是，必須有實際的行動和作為，去解決問題，做出成績，拿出結果，只有這樣地位才能坐得穩，坐得牢，想要「空手套白狼」地經營，很可能會被狼吃掉。

講謀慮

只講實幹不講謀慮，是不行的。古往今來，多少才華橫溢之人，被小人中傷而空嘆！

所以，不要做實幹的傻子，還要運用權謀，防止被人下套。如果被下套，那就要牢記教訓，以防再被騙。職場裡不怕被人陷害，怕的是好了傷疤忘了疼。這樣的人，即使有驚天才華，創造了業績，也會被人搶走。

所以，當你像豹子一樣捉住自己的獵物時，還要像老虎一樣能守住自己的獵物，防止獵物被人奪走。真正的職場高手，都是豹子和老虎集於一身的人。

猛人一旦被小人包圍就會變得昏庸

凡是「猛人」，身邊便總有幾個包圍的人們，圍得水洩不透。結果，該猛人逐漸變成昏庸，有近乎傀儡的趨勢……這就是包圍定律。

一塊磁鐵放進沙子裡，很快，磁鐵就吸上來很多鐵屑。鐵屑被吸引是因為磁場的存在，離磁鐵越近，吸得就越緊。同樣，權力場就是另一塊大磁鐵，不同的是，權力場吸引的是人，並且不分好壞，只要屬於芸芸眾生，都不可避免。這就是包圍定律。

當各種意圖的人向權力中心移動時，全場中心的最高職權者，就會被包圍的實實在在。各種聲音嚶嚶於耳。酸甜苦辣，個中滋味只有當權者才能明白。

因為意圖不同，自然就分為三類，分別為：保權者、挖坑者、中庸者。五千年的權場爭鬥中，保權和奪權的各路人馬紛紛上場，其中，不乏英明神武的當權者，也不乏利令智昏的昏君。

小人當道？我們應該怎麼辦

諸葛亮說：「親賢臣、遠小人。」但是相對賢臣來說，小人更善於包圍，古時大多賢人都患有清高的弊病。即使諸葛亮也不能避免，劉備三顧茅廬才能收攬。稍微「偷懶」的當權者，自然就不由自主的親小人遠賢臣了。

於是，挑撥離間、耳邊風、敲邊鼓，等等管道的「建議」就源源不斷送到當權者的耳邊。當周圍都是小人的時候，當權者也就變成一個最大的「小人」。不只是因為「近朱者赤近墨者黑」，因為當權者已經沒有條件選擇，黑和紅，只有一種選擇，那就是做小人。

所以，魯迅先生這樣說：「猛人身邊便總有幾個包圍的人們，圍得水洩不透。」最後，「使該猛人逐漸變成昏庸，有近乎傀儡的趨勢。」

一旦包圍太過，接受資訊的管道自然就會閉塞，孤陋寡聞。比如，某地大旱，田地顆粒無收，餓死不少老百姓，皇帝卻問：「他們餓了，為什麼不吃肉粥？」而孤陋寡聞就會造成小人趁機魚肉百姓。

所以破解包圍定律，最佳的辦法就是：讓資訊來源暢通無阻，從中權衡利弊，選擇最適合自己的行動。

小人與賢臣的區別

無論什麼樣的當權者，在心裡上都希望親近賢臣。因為，權力本身就意味著責任。雖然權力可以為當權者帶來更大的慾望，但是，因為責任的存在，當權者就要克制慾望，為責任隱忍自己的本能。而當責任和慾望相衝突的時候，小人和賢臣也就有了分別。

唐太宗喜歡一隻鳥，總是拿出來逗玩。但是，當他看到賢臣魏徵過來，就偷偷的把鳥藏在袖子裡。結果鳥因而窒息，死在袖子裡。因為魏徵不希望皇帝玩物喪志，所以，故意長時間和太宗說話，導致鳥死。

如果太宗身邊全是小人，自然為了迎合太宗的慾望，不只是一隻鳥，甚至還會為太宗弄出成百上千隻鳥把玩。所以，從根本上說，賢臣是合皇帝的責任心，而對當權者給予支持，而小人則是迎合皇帝的慾望，而給當權者選擇。

值得注意的是，很多小人為了保護自己的地位，是不願意當權者敗亡的，而賢臣則會為了保護黎民百姓，而把當權者推翻，另立君主。這就是為什麼小人在當權者周圍有很多，但是，真正因為篡位走向權力中心的小人卻很少，反之，取上司而代之的賢人卻很多。所以，中國歷史中，奸臣的比例遠遠要高於奸王。

中國幾千年的政治告訴你，小人要防，賢臣也要防。不防小人，小人做壞事的屎盆子就會扣在你的頭上，摘也摘不掉，因為你對下屬負有直接責任。不防賢人，只要你做得不好，就可能成為被賢人揭竿而起，起來取代你！

用賢人，還是用小人？

正是因為賢臣小人的區別，就有了用賢，還是用奸。真正的君主大都懂得，「水至清則無魚」，總喜歡在忠臣之間，放上幾個奸臣。

乾隆帝明明知道和珅是個貪官小人，仍然給他高官，而自己的統治固若金湯。女皇武則天則大肆利用小人，極大滿足自己慾望的同時，也提拔了不少優秀的賢臣。穩坐了四十多年的皇帝，當權時間長達十五年。在做過殺女求寵、殺子奪權等等讓人膽戰心驚的腹黑事件後，竟然可以安然退位，死後，下任皇帝遵從她的遺命，最終和高宗葬在一起。不得不說是一個中國帝王中的另類。當然，賢臣和小人之間的程度，並不是每個當權者可以把握好的。所以，少數的當權者不是偏向親賢人，成為賢君、明君，被人敬仰，比如唐太宗。大都都是親小人，成為昏君，其中不乏被人奪權者，比如，商紂王、周幽王。

所以在上位者不管被什麼人包圍，不管自己用什麼人，都要有自己的立場。**最害怕當權者兩頭倒，沒有主見，這樣就容易被周圍人所控制。**既沒有賢人的大智慧輔佐自己，也沒有小人伎倆背後「不得已的忠貞」，最後，只落個孤家寡人。

怎樣做才能兩面圓滿

中層主管就像「夾心餅乾」，如果餅乾兩頭不討好，就會被擠破，成為被打擊的炮灰。相反的，如果得到雙方的認可，成功就指日可待。

在職場裡，做難做的不是主管，也不是小職員，而是中間幹部。為什麼這樣說呢？

要知道，職場裡討生存，居高位的主管畢竟是少數，大部分是中層和底層的職場人員，一層一層地往下傳達。其實，最底層的人不難做，只需執行上頭頒布的條款即可。最難的就在中層，職場中的中層就像「夾心餅乾」，這一層的好壞，決定了一個部門的好壞。你能否勝任中層的任務，這決定了你將來是上升為高層主管，還是淪為一事無成的底層人員。

對於一個聰明的職場人員來說，他總會審時度勢地處理好中層的各項事務，讓自己的部門事業進展得如魚得水、紅紅火火。從最底層跳躍到中層，又從中層跳躍到高層，華麗地改變了自己的人生命運。而這一切，需要大智慧。

如果你懂得明朝歷史，這個道理就容易懂了！

想當年，明朝首輔大臣張居正去世，張四維繼任並抄了張居正的家，但是這位首輔也很快因病去世。此時，明朝堂中有資歷的老輩只有萬曆帝的老師——申時行，就這樣，申時行「被迫」走上了首輔之位。

明朝首輔雖然是一人之下、萬人之上，十分風光，但是實在不好當。瞭解萬曆年間歷史的人都知道，首輔張居正精心輔佐萬曆帝，最後勞累病倒，但是下場依然讓人心寒，不出一個月，牆倒眾人推，就被萬曆帝抄家，弟兄、兒子受累被訓，死的死，發配的發配。這讓新任首輔的申時行，更加強烈地意識到政治的險惡。

相對張居正輔佐期間，申時行要「困難」的多，因為萬曆帝又已經成人，不再是能被「操縱」的小孩，有了治國的主見。而掌握政權的萬曆帝，因為被長久「欺壓」在張居正之下，反抗意識更是強烈。

當萬曆帝和滿朝大臣，一致處理清算張居正後，沒有了共同的「敵人」，君臣衝突開始加重。大臣們還是希望像原來一樣規勸萬曆帝，但是，萬曆帝已經被規勸起了「戒心」。

此時的首輔申時明坐在一人之下，萬人之上的位置，就要為君分憂，如果和萬曆帝對著幹，朝堂就會亂。而作為臣子本身，申時明又不能背叛自己的大本營——整個文官團體，否則，當自己權勢不再，那麼就很可能被小人誣陷，也會像張居正一樣死後不得其所，家人遭殃。

於是，申時行開始在萬曆和眾文臣之間遊走。一邊規勸萬曆帝，但是，看到萬曆對規勸充耳不聞，也沒有強加干涉，而對待眾文臣，也是態度友好，保持一致對外——即皇帝。

歷經九年的調節生涯，申時行如封箱裡的老鼠，兩面受飽了氣。身心疲乏的申時行，因給皇帝的密信落入文臣手中，其中寫道「惟宸斷親裁，勿因小臣妨大典」，被眾大臣痛斥。首輔之位，申時行再也沒有辦法坐下去，最終選擇了歸隱告老還鄉。其中波折不斷，歷經了十一次的請退，才贏得皇帝的允諾。

總體來說，申時明雖然政績上並不成功，但是完整的保存了自己，並且，他不僅過了一個安定的晚年，而死後，還被被神宗皇帝賜諡號「文定」。

和事佬，要平衡，弱化雙方衝突

職場裡的「夾心餅乾」，是個和事佬的角色，因為兩邊誰都得罪不起，所以，只好兩邊和稀泥，弱化雙方的衝突。只有雙方的衝突降低，自己才不會雙面受氣。關於此，古人總結為「中庸之道」。不過，如果主要問題沒有解決，提前暴露「兩面派」，就會被雙方唾棄，只好黯然的走人。所以，申時行看到「敗露」，趕緊告老，因為萬曆帝還沒有知道自己是個兩面派，對自己還是不錯的。

「走鋼絲」，不要搖擺不定與盲目屈從

往往兩個爭權奪勢的人，都希望夾心層走向自己的立場。為自己加重贏權的砝碼。但是，此時走向任何一方，都會增大自己的「生存危機」。很多人在分析雙方利弊後，往往會投向強者，認為自己勝算大一些。但是，職場爭鬥，只有最後一刻才知道誰笑到最後。你的分析資料往往是自己累積的，但是，這並不代表所有。

在職場裡每個人都會為自己留一張底牌，只有最後決定勝負才會示人。所以，過早的表明態度，或者左右搖擺，往往最終的後果就是——「豬八戒照鏡子，裡外不是人」。

就事論事，做實事

只有最客觀的態度，才能保證你不受牽連。而當其中之一升官之後，雖然沒有你的「好處」，但是，他不會因為你的客觀而懲罰你。所以，在面對兩者之間的各種問題時，就事論事，不要升級和擴大問題，否則，你只會成為雙方排擠的對象。

做實事的人，即使是夾心餅乾，別人也不好說些什麼。如果只是做虛事，只知道靠關係，喝酒聊天套交情，到關鍵的時刻，還是會被丟棄。而實事，永遠擺在那裡，不管誰上位，都是功績，可以成為保護自己的資本。

做職場的夾心餅乾很危險，但是，危險背後可能也是更大的機遇。因為，**夾心就意味著得到雙方的「注意」，甚至可能是欣賞，所以，才會需要夾心來表態。**從這個方面說，如果和事佬調解的不錯，兩面都得到認可的，那麼，不管任何一方上任，都會得到重用。

在表面上的往往是假的，而真的往往出現在背地裡

部門裡的男女，表面上互相開玩笑，有事的機率不大；相反的，看起來嚴肅相待的兩個人，卻可能關係更密切。

人在職場，就要學會透過現象看本質，識破偽裝，防止被設計。我們經常可以看到一些新聞，講某官一向給人清白廉潔的形象，十幾年來口碑極好，前陣子還有他出席重要會議的鏡頭、參加企業奠基典禮的鏡頭，但是突然有一天，你看到的是他戴上了手銬，出現在法庭上。

職場是一個真假難辨的地方，你要修煉一雙火眼金睛！

表面上的往往就是假的，而背地裡的真相，經常與你看到的相反。玩笑定律告訴我們，職場並不好玩，辦公室其實很複雜，充滿變色龍，假象橫生！

在職場裡，我記得有一個很經典的玩笑定律，具體是說：同部門的男女，表面上互相

開玩笑，有事的機率不大；相反的，看起來嚴肅相待的兩個人，卻可能關係更密切。我認真想了想這句話，發現辦公室裡的真實情況還真是這麼回事！

玩笑定律講出了辦公室的一種奇特但並不奇怪的現象：真相往往隱藏在深處，就如同女人衣服遮掩下的身體，最隱祕的部位你極難看到，而表面的東西只是掩飾，欺騙人們的眼睛。就像辦公室裡的男女之間，表面上玩笑開得越大的，實際上什麼事也沒有；有時連句玩笑話都不說的男女，說不定背地裡已經搞到一塊兒了。

比如，平時說說笑笑的兩個人，看似親密好友，可能他們卻是利益不共戴天的對手。越是仇敵，表面上可能就和善，絕不是人們想像中的仇人見面、分外眼紅那種狀態。因為職場上的人都注重面子問題，既要給對方面子，同時自己也要表現出足夠的風度。何況，辦公室向來都是一個「一團和氣」的場所，無論內心噁心對方到了什麼程度，面子還是得做到。只不過，互相用來攻擊的手段，都是見不得人的，別人難以看得見，只有他們心裡清楚。

東漢末年，王允為了除掉董卓，想了一計，就把呂布叫到自己府上，有意讓他看見貌美如花的貂蟬，再許諾將她嫁給他。呂布很高興，誰不想娶個傾國傾城的美女當老婆，回家就趕緊準備。這時大家都知道他要娶王允的義女為妻了。誰知，王允又悄悄把貂蟬送給了董卓，一下成了董卓最寵愛的女人。呂布全然蒙在鼓中，後來就被王允這招美人計和連環計給套住了，直到最後殺了董卓。

可見，大家都看得到的事情未必就是真相。**有時我們親眼見到的，也不一定就是真實的，裡面往往掩蓋著很多祕密，甚至是截然相反的一種走向。**職場做事就是如此，你覺得主管對你很重視，經常表揚你，肯定升你的職，但事實上，他可能正想除掉你呢，表面上對你好，不過是想麻痹你！

在部門內，那些平時很少說話的人，關係很生疏，來往也不多，卻可能是立場堅定的盟友。拚命掩飾的一定是不想讓人知道的東西，所以越是盟友的人，就越不想讓別人知道他們的關係。盟友向來都是悄悄見面，暗中聯絡，經由電話和祕密見面制定攻守同盟，交換彼此資訊。

這跟辦公室戀情是一樣的，互相有男女關係的人，絕少在辦公室裡打情罵俏。相反的，你看到的是兩位假正經，擦肩而過也不會說句話，沒有工作交流就儘量不會接觸，就像陌生人一樣，有時還會讓大家覺得他們之間有過結，是敵人，互相看不順眼，怎麼會擦出情愛的火花呢？但這都是假象，下班以後，誰知道他們去哪兒幽會了？

越是經常讓人開玩笑的兩個人，倒是很少能發展出真正的戀情。因為心裡沒鬼，自然接觸起來就沒有顧忌，該說笑時不避嫌，行為舉止就很自然。如果你看到一對男女在辦公室很親密，經常勾肩搭背，他們之間超過六成的概率不會是男女關係，只不過是關係太熟了而已。

對玩笑定律，我們需記住三個關鍵的原則：

第一，通常你認為不會發生的，它一定會發生、並且會以你看不到的方式祕密地發生著。

第二，告誡你不要對任何人透露你對某個人的壞印象，尤其是那些平時在你眼中人緣很好的人，也許他們之間其實是密友和戰友，而你卻不知道。

第三，不要怕被開玩笑，特別是男女關係。在辦公室，男女關係不是被玩笑證實的，而是事實。經常被開一下玩笑，反而是證明你清白的有力證據。對此，你的上司可比你更清楚。

在「無情」上做些掩蓋

向書法家啟功先生求字的人很多。有一次他得了重感冒，怕有人敲門，就在紙上寫了幾句話，「熊貓病了，謝絕參觀；如敲門窗，罰款一元。」而後貼在門上，前來的人雖然「敗興而歸」，但並不覺得丟面子，反而覺得先生很幽默。

在職場裡混，必定會遇到很多棘手的事情。比如，長官要你做一件你根本無法完成的事情，或者有人求你幫忙，而這個忙又是違反公司規定的，甚至有人逼你做違背自己意願的壞事……這個時候，你應該怎麼辦？你要無情拒絕嗎？但是得罪了人怎麼辦？

要知道，拒絕也是有技巧的，你可以在「無情」上做些掩蓋。拒絕別人，而又不讓別人懷恨在心，這樣既能保全自我的清白，又能給足對方的面子，這才是職場裡混的最高境界！

在這方面，《三國演義》中的關羽做得很好。如果當初關羽沒有拒絕曹操的賞賜，那麼，就沒有所謂的千里走單騎。當然，也就沒有了「武聖」、「忠義」等等好頭銜。當時，已經到漢壽亭侯高位的關羽，跟著曹操混的話，最終也不過像夏侯惇一樣成為猛將之一。以關羽寧為雞首不為牛後的高傲個性，自然不會答應。另外，形式變化之快，戰亂時期，誰是雞首，誰是牛後，是不能定論的。

所以，面對曹操看似豐盛的誘惑，權衡各方面利弊之後，關羽選擇了回歸劉備大本營。不過，在曹操多次的招納人才中，不為己用，即被誅殺，為什麼唯獨關羽成為「僥倖」成功的拒絕者呢？他拒絕的藝術到底是怎樣的？

第一，拒絕需講究條件

建安五年（西元二〇〇年）。曹操擊敗劉備，而在下邳鎮守的關羽被圍，被迫降曹。當時，和關羽談判的是曹軍大將張遼，關羽提出三個投降的條件——

一、降獻帝（東漢最後一位皇帝），而不降曹操；

二、保護兩位嫂嫂的安全，並要求曹操以劉備的俸祿供給；

三、知道劉備的下落後，立刻尋兄。

曹操和眾大臣商議後，認為可以接受，於是，關羽投降。這也為關羽後來千里走單騎，做好基礎。

職場裡不管是拒絕還是同意，都要想好退路。沒有退路的拒絕只有把自己逼上絕路。職場上，弱者沒有強迫要求對方的權力，但有為自己爭取退路的權力，適當的提些條件，只要不觸犯對方根本利益，往往都會得到同意，比如關羽提出的三條。

作為強者，面對的人大多數是前來求人辦事的，所以，也要把「條件」講好，不管這些要求是「陷阱」，還是「伏筆」，當事情真的按照自己意願沒有辦成，那也不會招人怨恨。

第二，掩飾無情：道是無情卻有情

雖然關羽降漢不降曹，但是，當曹操在白馬遭受袁紹圍攻，關羽一馬當先，在萬軍中殺掉袁紹大將顏良，解了曹操白馬之圍。此後，曹操為關羽向獻帝要來了「漢壽亭侯」的頭銜。

關羽在被俘期間，曹操三天一小宴，五天一大宴，關羽當然沒有義正言辭的拒絕，當曹操給了關羽袍子，關羽也穿上了，但是，外面穿的是劉備給他的舊袍，表示自己不忘舊主，而曹操給了關羽赤兔馬，關羽以能更快的見到兄長為由也收下了。

結果，關羽在曹操那裡，好吃好喝好用，沒有受到一點委屈，反而得到更多的賞識。

職場雖然是無情的，但是，只要不觸及自己的根本利益，能幫對方一把，就幫一把。在小事情上，順其自然，顧慮對方的面子，當自己提出要求後，別人自然也會記著自己的好，而給予讓步。

所以，職場雖然無情，但是卻是講情誼的地方，關鍵是怎麼利用情誼為自己辦事。

第三，過五關斬六將：真正拒絕時，要堅決

歷史上的過五關斬六將是假的。但是，關羽真的從曹操那裡走掉也不是簡單的。曹操一心納賢，深知人才的重要，不為自己所用就會殺掉。而關羽能夠逃脫絕對表現了做人的智慧，這一方面歸功於他的無情，另一方面歸功於他在無情上做的掩蓋，讓曹操心存感恩，這樣他才能走掉。而且最關鍵的就在於，他拒絕的決心是不可動搖的。

真正的拒絕，雖然講究情誼，講究策略，但是關鍵的底牌是不變的。職場中，拒絕的過程中，威逼利誘自然不會少。所以，一定要堅持到底執行自己最初的拒絕，不要因為某些東西改變初衷。否則，帶來的就不只是眼前的小困難，而可能未來的滅頂之災。

不要把喜怒掛在臉上

機關機關，處處機關。如果你將喜怒掛在臉上，被別人一窺內情，就很可能中了別人的「機關」。

如果你經常看電視訪談節目，會發現一個有趣的現象，越是政商界的大老越是喜怒不形於色，面對鏡頭氣定神閒，一副任憑八面來風，我自巋然不動的架勢。什麼叫氣場，這就是！而地方首長的講話則恰恰相反，聲色俱厲，加之手舞足蹈，完全不像大老們那樣氣場十足，顯得底氣和實力都虛弱了不少。

不管你是大老闆還是小幹部，只要你打定主意要在職場混下去，就要時刻告誡自己——不要把喜怒掛在臉上。

我平時很喜歡讀《三國演義》，這本書可以當做兵法書，其實也可以當做職場哲學書來讀。從中，我們可以學到名人的氣度。比如，赤壁之前夕，曹操率大軍南下，意欲一統中原。於是，孫劉被迫聯合抗曹。諸葛亮主動請纓去江東與東吳大將周瑜，共商對策。經過一番的唇舌較量，關鍵的時候，兩位城府頗深的主戰派卻緘默起來，都不願意說出抗曹的計策。最後，兩個人約定把計策寫在手心裡，同時伸手。當兩「火」字映入眼簾時，兩個人相視大笑。這種成竹在胸而又喜怒不形於色的氣度就是職場人要永遠學習的。

記住，職場是講權謀、講城府的，「喜怒形於色」只能暴露自己。很多人以為那些謊話連篇的人才是城府深的人，其實並不是如此。真正高深的「城府者」恰恰是低調平和的。

會掩藏，不要把喜怒掛在臉上

職場上總有春風得意和馬失前蹄不順心的時候，自然人的心情也有喜有悲。但是，職場情緒化是害人的。一個喜形於色的人，即使有了成功，也會被人拉下馬。所以，一代名將曾國藩認為，職場情緒化反應，是做人不成熟的表現。

我在閱讀曾國藩家書時，看到他給弟弟曾國荃的信中這樣說：「幾年來，我憤怒激動時，你總是好言相勸；即使你自己憤怒和激動時，也會立即克制。由此看來，你以後的成就，肯定不可限量，福祿亦然。擔任大事的人，往往必須有氣度和胸懷，否則，憂慮之氣累積在心中就會成為負擔……」由此可見，曾國藩的氣度也並非是天生的，也是慢慢修煉的，而且從書信中來看，還受到弟弟的不少影響呢。

正因如此，有城府的人在看到自己利益得失時，往往可以「取精華，去糟粕」，沉著冷靜，按部就班做自己的事情。職場，處處職場，如果你將喜怒掛在臉上，被別人一窺內裡，就很可能中了別人的「職場」。所以，必須善於隱藏自己的情緒，保持低調、虛心和平常心，防止自己過於突出，惹人注意。

少說話，看破一切但從不說破

在這一點上，曾國藩做得很好。曾國藩鍾愛一個叫李鴻裔的幕僚，可以自由出入自己的房間。當時，曾國藩的幕僚中有一些聲名赫赫的文人賢士，走紅一時，曾國藩仰慕他們的名聲，邀請他們來到住處，安排他們每天的衣食住行，但不讓他們擔任官職。

一天，曾國藩正與李鴻裔在室中談話，來了客人，曾國藩便出去接待客人。李鴻裔無事，就翻看桌上的文稿，看到文人雅士中有人寫了一篇《不動心說》。內容中這樣寫：「即使把美麗的姑娘放在我面前，我就會動好色之心嗎？我絕對不會。即使把高官的紅頂戴放在我面前，我就會動名利之心嗎？我也不會。」年輕氣盛的李鴻裔，看到這裡，感覺對方很虛偽，就拿起毛筆在旁邊題了一首打油詩進行諷刺：「美麗姑娘前，大紅頂戴旁；你心都不動，只想見中堂。」寫完打油詩，然後自己就走出去了。

等曾國藩送走客人，回到書房，見到題的打油詩，讓人叫來李鴻畜，對他說：「這些人難免有欺世盜名的成份，言行也不見得一致。但是，他們能達到今天的地位，就是靠這個虛名。如果你一定要公開揭破它，那麼，他們就失去衣食來源，豈不仇恨你？你身敗名裂，甚至殺身滅族的大禍，都隱伏在裡面了！」聞聽此言，李鴻畜出了一身冷汗，從此，收斂鋒芒，不敢再出言不慎了。

在職場混的人，一定要牢記：言多必失。說錯話，往往會帶給你意想不到的苦果。職場說話不是拉家常，就算是聊天，也有人想從其中瞭解一些自己想知道的東西。

真正的職場高手較量也不是用唇舌較量的，而是背後的運籌帷幄。所以，當周瑜和孔明定計的時候，選擇了在手上寫字，而不是說出來。當一句話在腦海裡，對自己對別人都沒有影響，但是，當這句話說出來，你就必須為這句話負責。上司想聽東，你卻因為不懂說了西，自然，就成為上司眼裡的釘子，非拔掉不可。所以，如果不知道自己該不該說，最好的辦法是選擇沉默。

當然，知道自己應該說的，一定要說，尤其是上司心理想說，但是有些話不適合他說，這些話，自然就要下屬去張嘴。

聰明的人知道職場上如何說話，點到即可，不用明明白白、直接了當的說出來。這往往是在職場打滾多年的人才知道的經驗。所以，職位越大，說的話就越少，也越含蓄，讓人雲裡霧裡，不得其意。

關鍵是看聽話的人怎麼理解。

有涵養，修身齊家治國平天下

沒有涵養的人，城府只是表面的。很難想像，一個繡花枕頭一包草的人，能夠真正做到喜怒不形於色。即使他做到了，但在別人看來也只是個無足輕重的人物，因為他到哪裡都是被忽略的對象。沒有涵養和實力，註定一輩子是個小人物。所以，古人說，修身、齊家、治國平天下，而修身被排在了第一位，道理就是如此，只有提升了涵養，一個人才有治國的資本。

同治九年五月，曾國藩寫了一副對聯——

戰戰兢兢，即生時不忘地獄；

坦坦蕩蕩，雖逆境亦暢天懷。

雖然曾國藩做官以「權謀」著稱，但是，曾國藩的做官和他的涵養是離不開的。職場裡混的本質其實就是做人，只有人有了「胸襟」和「涵養」，才能把官做大。都說宰相肚裡能撐船，不只是因為宰相能包容，能忍耐，更多的是涵養。

所以，小肚雞腸的人，做官往往做不久、做不大。因為只要成功和失敗，他們就會因為一時的得失興奮和大怒，自然，他們難以控制自己的情緒，被人窺視，隨後被人暗算。

這無疑是人生悲劇，但細細想想，也是自己親手造成的，並不冤枉。

作為職場裡混的人，我們一定要讓自己避免這種下場！這是必須的！

第二章　你可以不聰明，但不可以不小心

在職場，你可以不聰明，但不可以不小心。你是庸人沒關係，這個世界自有庸人立足之地，庸人也能活得快樂無比，風光無限；是白癡也行，白癡在職場也自有妙用，有時越白癡反而升得越快，但就是不能做粗心鬼。

職場裡可以有性格，但不能有個性

職場裡不能有過於個性高調的人，哪怕你說得很對，也算是你洩露了「機密」；而那些看似平庸低調之人，哪怕是做了錯事，他不說出來，就不算洩露機密，就相安無事。

經過多年觀察，我發現在辦公室有一個規律：人的個性與他的辦事能力成正比。一個人的辦事能力越強，個性也就越強；一個人的辦事能力越差，就越沒有個性。但是個性越強的，能力越強的，鋒芒越露的，往往職位就越低，前景也非常不妙。聽起來不合理，也不正確，但這就是職場上的現實，每個人都要面對，並且適時調整自己。

知道中庸的本質是什麼嗎？**在職場裡，中庸就是可以有性格，但不能有個性；可以很專業，但絕不能高調；可以很強大，但萬萬不可表現得比別人更強大。**這就是個性定律，職場人員絕不能有個性，因為有個性的人都沒有什麼好下場。

所以，業績平庸的職場人員平步青雲，占據要職，掌握著最多的資源和實權，而做事能力很強的實幹型職場人員卻總是受到壓制，得不到公正的對待。從能力上來講，這屬於逆向淘汰的不正常現象，但從一個職場人員的生存角度來看，這卻是他自保和飛黃騰達所必須領悟的。

一個深諳個性定律的職場人員，他寧可平庸，也不出頭，更不會高調，在職場上亦步亦趨，城府很深，不該表現自己的時候，他一定像烏龜趴在山洞裡，像石頭藏在草叢裡，鋒芒藏在肚子裡。

這類人的具體表現在以下方面：

第一，他從不會挑上司的毛病，在日常行為和自己的工作表現中，他對自己的上級沒有任何威脅，頭上絕不帶刺，做忠實的僕人。這讓上司極其重視他，因為任用這樣的職場人士，沒有危險。那些有個性的人，往往太堅持原則，對上司的錯誤不能容忍，敢於指正和揭發，沒幾個上司會放心任用他們，因為這樣的下屬很容易得罪他人，引起禍端，讓自己吃不了兜著走。

第二，他有罪自己承擔，有功推給主管，做主管最信任的一把傘，擋風遮雨，還能幫主管製造業績。你說，哪個上司不喜歡這樣的下屬？哪怕他能力有限，上司也會給他機會鍛鍊。因為他會為自己創造業績，而這在某些主管眼中就是能力，就是優點。如此一來，他爬升的機會就增多了。

第三，「低調做事，高調做人」。這是此類職場人士身上統一的特點，他們即使不會做事，也很會做人。能力不足，卻讓你信任，讓你全身舒坦。因為他的嘴巴很緊，不會洩密，有事全裝在肚子裡，即使聽到不該聽的，也能裝聾作啞，替上司保守祕密。

朱元璋少年時代在皇覺寺的好友雲奇，在朱發達以後來投奔他，朱元璋就讓其在身邊做個管家。雲奇就深諳這一點，凡是朱元璋吩咐的事，他一概嚴守祕密，旁人一問三不知，就是不說，連馬皇后和郭寧妃找他打聽朱元璋在做什麼，他也裝得像個傻子，好像一塊沒有生命的石頭。這樣的下屬，朱元璋當然打心底喜愛了，給他很大的權力，在朱元璋疑神疑鬼大開殺戒的晚年，雲奇最後也得了一個善終，沒成為朱元璋的刀下鬼。可以說，正是「忠心為僕、嚴守祕密」這一點，保住了他的命。

另一個太監就不一樣了，他很想在那些朝廷的權貴們面前突出自己的才幹，就拿宮裡的事情賣給外官，希望得到重視，發點小財。讓皇帝發現了，落了個死無葬身之地。

性格和個性，人們經常混為一談，其實兩者有著很大區別。性格是一個人本身的秉性，他是好人還是壞人，有激情還是比較理性，這些都是比較正常的。也就是說，你可以是好職員，也可以是壞職員，哪怕壞得流膿，都沒關係，職場上都有你的立足之地。但是，千萬注意表露的時機，當你用不同的方式把自己的性格表現出來時，就表現出你做人和做事的個性了。表露的時機不對，就會對職場的生存不利。表對時機，就會平步青雲。

對於職場人員，我也見過一些大嘴之人，什麼都敢說，一點不顧忌旁人的感受。不但敢說，說出來的話還帶刺，特別傷人。這種人雖然能勝任很重要的職務，上級也不會考慮。因為辦公室是一個醬罈子，大家必須是一樣的。「木秀於林，風必摧之」，誰選擇不恰當的時機露頭，表露個性，非要風光一場，就可能成為公敵。

當然，有個性的人也會有出頭之日，但這通常是在遇到一見鍾情的上司情況下。比如，歷史上著名的改革家，無論是秦代的商鞅，宋代的王安石，還是明代的張居正，他們都是幾千年來難得一見的個性人，有能力，也有魅力，敢於除舊布新，剷除弊政，不流於眾，也不向大多數同僚低頭。當有一個欣賞他們的強力君主支持時，他們可以放手實施自己的改革計畫，取得很大的成效，但當靠山不再時，形勢頓時就會逆轉，失去皇帝支持的他們，下場都比較慘。

讓我們看看結果吧——商鞅在秦孝公死後，舊的貴族集團瘋狂反撲，誣其謀反，把他五馬分屍而死；王安石和張居正也都在自己死後，遭遇了當時輿論如潮的批判，等於被踩在腳下，全面否定。張居正被扒開墳墓鞭屍，子孫後代遭到抄家和流放，凶險可見一斑。

如果你是一位有個性之人，請掂量一下自己的斤兩：你有衛鞅和張居正這麼強嗎？要知道，像他們這樣偉大的個性職場人員，竟然都難逃同僚的算計和詆毀，更別說我們芸芸眾生了！所以，在職場，稜角磨不平，你就混不久！在職場，出頭鳥一定挨槍打。要想如魚得水，游刃有餘，你就得有性格但是無個性，將自己蜷縮成「外圓內方」的形狀。

這不是鼓勵你去做小人和庸人，而是教你學會深藏不露的智慧。事實上，真正做到這一點的人，大都是職場中混得比較好的。他們順風順水，不僅得到了自己的地位，而且造福了百姓，這才是真正的職場高手！

今天威風凜凜，明天就可能威風掃地

老子說：「禍兮，福之所依；福兮，禍之所伏。」權力沒有時間保障，今天可以意氣風發，明天就可能垮臺。所以，職場上一定要有畏懼感和危機感，時時提醒自己小心謹慎。

好事和壞事從來都是可以互相轉化的，今天是威風凜凜的公雞，明天就可能被拔掉毛，做成了雞毛撣子。有句話叫：「樂極生悲，物極必反。」這個道理不管在什麼地方，無論做什麼事，都是適用的，而且我們都會有過這方面的經驗。摔了跤才知道之前的風光只是一個警訓；丟了位子才想明白得意時的作為是多麼的幼稚。

最得意時你要夾緊尾巴

人在得意時就想豎尾巴，尾巴一撅起來，就容易讓人給揪住！這麼簡單的道理，但就是有人記不住！我們看幾千年來的職場，那些被人搞掉、或死無葬身之地、或身敗名裂的達官貴族們，無不是在這一點上暈了頭腦，犯了錯誤。

明朝大將軍藍玉，是在他軍功最輝煌時倒掉的，整個藍玉案被朱元璋殺了一萬五千人，可謂是從天堂掉到地獄的極致典型。明代的開國功臣傅友德亦如此，覺得自己了不得了，得意地向皇帝索要良田，結果得到了一個被賜死的結局。

春風得意就猖狂，一猖狂就掉進河裡。風光時把尾巴撅到天上的人，下場往往不那麼美妙，特別是在職場。功高蓋主必被殺，得意忘形一定會倒楣，就是鐵律。漢代的大將軍衛青就很懂事，他知道自己功勞越大，將士們對他越擁戴，皇帝就對他越不放心，所以即便榮寵集於一身，他也極為低調謙虛，將功勞都分給大家。衛家權勢當時極重，漢武帝也對他起過疑心，但終因衛青很會做人，毫不貪功，對皇帝沒有任何要求，姿態擺得很低，最後才得到了一個善終。

「福兮禍所依，禍兮福所伏」。福禍之間是可以互相轉換的，得意到了極點，往往就是失意的開始；最輝煌的時刻，意味著你將開始下坡。所以，最得意時恰恰要夾緊尾巴，低調做人。不然的話，就在你不可一世、搖尾巴興奮之時，災禍也就悄悄地降臨了。

時時刻刻都要有危機感

董卓想廢掉漢帝，另立一個皇帝，就找袁紹來商量。當時董卓兵重權大，占據京城，袁紹只是一個軍官。聽到要廢帝的想法，袁紹當然不同意，董卓拔出劍來，冷笑：「難道我的劍不夠快麼？」袁紹豈受得了這種氣，也拔出劍來，擋在胸前，怒目以視：「你的劍能殺人，難道我的劍就不能殺人？」然後揮袖而去。

回到家，袁紹越想越不勁，姓董的很重面子，肯定找自己算帳，於是騎上快馬，連夜逃出城去。果然，走後不久，董卓就派兵去追殺他了。這時袁紹已經逃出京城，跑到了冀州尋求庇護，董卓鞭長莫及，只得作罷。袁紹能揀得一條小命，完全是因為他意識到董卓不會善罷甘休，一定會在手下的慫恿下殺掉自己。儘管袁紹是名門之下，四世三公，是漢代有名的望族，而袁紹對董卓也是有恩的（因為正是他的強力推薦和建議，董卓才有機會帶兵進京）。但是，無論如何，無限的榮光，在真正的危機面前都是脆弱的。擺著一副對董卓有恩、即使得罪了他也不必擔憂的態度，當天晚上，他的腦袋就得搬家了。

時刻具備危機感，這樣在職場一個人才能生存下去，擺脫替他人當炮灰的命運。

必須學會知足

人之所以為自己招惹禍端，正是因為太不知足。「人心不足蛇吞象」，升到了縣長想當市長，當了市長又想當總統。所以，即便春風得意，日子過得已經不錯，還是伸著手不停地索取，全然不顧自己根基不牢，得罪的人越來越多。這樣的話，手伸得越長，仇人也就越多，早晚有一天會遭到算計。

就像董卓，一度威風凜凜，生殺大權全握在己手，可是當他被呂布殺死後，最後竟落了曝屍烈日的悲慘境地。若他當年收斂自己的慾望，安心做一個輔君安國的忠臣，不那麼胃口大開，又何至於死無葬身之地呢？

所以，弗雷德定律其實是對慾望滿足程度的一把衡量尺規，而慾望又是對一種名與利的追逐。在趨利避害本能的驅使下，人們都在爭取著自己的福，最大限度的避免自己的禍。但能否真的做到在職場上水不濕鞋，雨不淋身，就要看自己能否控制貪心、收斂自己的慾望了。

記住，昨日的福可能就是今日的禍，而今日的禍也可以變為明日的福。如果都能夠明白世事的多變與福禍的短暫，職場上的是非就會少很多。

人微言輕，人貴言重

一個人地位越高，越有威信，越受人敬重。他說話做事，就越有說服力，容易引起別人重視，相信他做的事和說的話都是正確的，即「人微言輕，人貴言重」。

美國心理學家做了一個實驗，他從外校請來一位德語教授，對心理學系的學生們講課，說這是從德國來的著名化學家。然後，這位「化學家」裝模作樣地拿出一個裝著蒸餾水的瓶子，說這是他新發現的一種有氣味的化學物質，讓學生們聞，誰聞到了就舉手。結果，大多數的學生都把手舉了起來。

由於這位化學家「權威」性的暗示，多數學生選擇了跟從和認同，即便一點氣味都沒聞到，他們也認為「應該是有氣味的」。在另一堂課上，介紹這瓶水的老師換成了學生們熟知的普通老師，就不再有學生舉手。即便有人聞到微弱的氣味，也不相信老師真的發現了一種新物質。

這就是權威效應。同樣一句話、一件事，因為人的地位不同，而對大家產生說服力道就不同。「人微言輕，人貴言重。」其中的差別就是人的地位導致威信的不同，使得他們說的話和做事，具備截然不同的權威。

在職場，這種現象更是普遍存在，長官說的話就是「真理」，就是「正確」。一件事可行不可行，同樣的觀點，從同事的嘴裡和主管那裡聽到，大家的認同度是完全不一樣的。所以，聰明的主管會利用「權威效應」去引導和改變下屬的工作態度以及行為，這比命令的效果要更好。相同的是，一個優秀的主管，他想要增加自己的權威，其次才是馭人。在職場，權威的引導永遠比強硬的命令有效。

根源是人們有「權威崇拜」的心理

人們普遍有一種「權威崇拜」的意識和習慣，覺得權威人物說的和做的就是正確的，服從他們會使自己具備安全感，增加不會出錯的「保險係數」；其次，由於人們有「讚許心理」，即大多人總認為權威人物的要求往往與社會規範是一致的，按照權威人物的要求去做，就會得到各方面的讚許和獎勵。在這兩種心理的綜合作用下，就誕生了權威效應。

南朝劉勰寫了一部《文心雕龍》。這部作品剛寫出來時，根本無人問津。他去請當時的大文學家沈約審閱，沈約不予理睬。後來，他裝扮成賣書人，將作品送給沈約。沈約閱後評價極高，很快這本書火爆起來。幾年前後，《文心雕龍》成為了中國文學評論的經典名著。如果劉勰只是把書寫出來就不管，恐怕我們現在已經見不到這本經典名著了。

現在很多人出書，都喜歡找些名人寫序，增加書的可信度，就是利用了人們的心理。權威推薦的書，大家就喜歡看，同時也就相信書裡面的觀點。相同內容的書，如果沒有名人推薦，可能會在書店的角落待一輩子，但若能找到一位具備轟動效應的名人，寫一個序或者對媒體說幾句話，可能立刻就會購者如雲，瘋狂暢銷了。

職務越高人們就越盲從

所謂「人貴言重」，一個人的地位越高，他的話就越「重要」，越「正確」。權威效應告訴我們，迷信則輕信，而盲目必盲從。權威人物講的話，在人們盲目的相信和遵從下，很容易就被樹立為真理。所以在職場，就有了「拉大旗，做虎皮」的事情，用更高一級主管的指示來壓人，達到自己的目的。

值得注意的是，有社會有權威存在，職場有權力存在，就會有權威效應的發生。這也難怪為什麼每個人都想成為權威，因為它的好處實在是太誘人了。隨口一句話，就能被人當作寶供起來，誰又不想讓自己變得「人貴言重」呢？這也是職場上為了爭個位子打得不可開交的原因之一吧！

你可以不聰明，但不可以不小心

職場三十六計，小心為上。不要觸犯別人的利益，不要被別人推出去當箭靶。否則，就算你有足夠的聰明，也會因為得罪人而被刁難。

在職場，你可以不聰明，但不可以不小心。你是庸人沒關係，這個世界自有庸人立足之地，庸人也能活得快樂無比，風光無限；是白癡也行，白癡在職場也自有妙用，有時越白癡反而升得越快，但就是不能做粗心鬼。

做人要謹慎，做事要小心，肚子要大，嘴巴要小，眼睛要亮，才能安全處於職場，這就是謹慎定律，職場安全之基礎。不能得罪人，不可隨便觸犯他人的利益，要縮成一個圓，化成一杯水，在夾縫中穿梭自如。

小心駛得萬年船

一個人很聰明，心眼多，才能強，但是如果有粗心大意的毛病，那就完了，在職場肯定吃不開。不但吃不開，還會處處碰壁。當然，這不是說人越笨越好，乾脆就當一個職場的笨蛋，而是在講聰明人立身處世的方法：小心才能駛得萬年船，聰明只有慎用和擅用，才能為自己帶來利益。

特別是，當一個人還在基層時，他最需要的就是小心謹慎。因為基層的工作都很簡單，不需要你有多麼高深的智慧，聰明的頭腦。但越是簡單的事，做起來就尤需謹慎。很多人都是在簡單問題上犯了粗心的錯誤，才讓前程蒙上一層陰影，甚至被踢出局。

小心表現在什麼地方？

第一，說話要謹慎，不該說的話不說，輪不上你說的話，那就更不能說。正話反說，反話正說，好話壞話怎麼講，都很講究，絕不是張口就開，口無遮攔。上司的工作，別在背後點評；同事的表現，更不可品頭論足。說話不慎，就會得罪人。有時候，你得罪一個人，就等於得罪了一批人。因為有些大公司是講究陣營的，尤其那些有靠山的，你對他指手劃腳，就相當於對他的靠山不滿，你還有救嗎？

第二，做事要小心。在職場上，做事就代表著觸動利益。很多好的政策之所以無法執行，就因為牽扯著一大幫人的切身利益，誰都不想讓利，所以就讓局面僵持著。這時候就會有冤大頭冒出來，空有一腔報國志，滿懷信心地去切蛋糕，可是他卻不知道這是得罪人的事情。所以，別看事情做得對，結果卻很不妙，就是這個原因，他得罪人了，一定會倒楣。就算做完的事情，可能也會被翻盤。

古時候，皇帝要想推行新政時，就會用一些剛直不阿的人。因為皇帝知道，這樣的臣子沒有「小心謹慎」的概念，做起事來是雷厲風行，不管是誰的利益，他都敢動。得罪人的事情，就讓這些人去做。新政推行成功了，為了平復利益受損者的情緒，皇帝再找個理由，把這位「改革家」罷官流放，甚至扔進監獄。

五千年歷史中，這種事情太多了，商鞅變法，使秦國一躍成為了六國首霸，這是多麼利國利民的好事，可是他最後為什麼被五牛分屍呢？就因為他的變法，得罪了秦國的老貴族。他在變法的時候沒有顧及這些人的利益，沒有採取一個萬全之策，就為自己招來了事後的殺身之禍。

一般來說，惹來殺身之禍的人，都是才華橫溢、百年難遇的忠良。站在理想的角度講，他們對國家達到了積極的作用，但站在現實的角度，我們卻會發現，他們個人的命運，一般都是極為落魄甚至是悲慘的。

職場失敗之道：妄自尊大一定受懲罰

聰明的人有很多，但聰明人之所以失敗，就輸在他們過於有自信上。不聰明的人，最多笨拙一些，事情做得差一些。在職場，這沒什麼，只要聽話，笨蛋也照樣爬到很高的位置；但如果妄自尊大，聰明人一般都沒什麼好下場，比如楊修，四處賣弄，還在曹操面前賣弄聰明，腦袋掉了不說，也給他楊家丟了人、現了眼。

清代南方有個秀才叫汪善寧，小時起就被視為神童，三歲背唐詩，六歲就能作詩。後來他一舉中第，就進了蘇州府衙做知府的執筆。執筆就相當於現在的秘書，為長官寫寫發言稿，潤潤筆之類的。在當時，這是和師爺類型相似的吏，是長官身邊的左膀右臂。

汪善寧仗著自己有才，瞧不起師爺，經常嘲笑他：「腹中無墨，口餘蜜油。」意思是師爺才能沒有，拍馬屁是內行。師爺倒也忍了，每次都是笑笑，但內心忌恨，就等機會報復。

一次，知府召開緊急會議，要商量籌集糧草給前線的大計，太平軍一路高歌猛進，形勢危急。汪善寧因為家裡臨時有事，遲到了足足一刻鐘。知府很不高興地斥責他耽誤軍國大事，這時，師爺一看機會來了，馬上就站出來把汪善寧平時的「所作所為」向知府告發，很多平時對汪善寧看不慣的人，也都站在了師爺那邊。知府知道汪善寧犯了眾怒，平時可能壓一壓就過去了，但是，現在恰逢需要鼓舞士氣、嚴明紀律的時候，所以，立刻就把汪善寧關了起來，以延誤軍機的罪名處死，以鼓舞士氣。

可憐可嘆，一代神童，死在了自己的才高氣傲和口無遮攔上！做人大意至此，得罪同道之多，才華即便勝過管仲，又能怎麼樣？

管不住嘴巴，想訓人就訓人，以為同事都是無能之輩，誰都比不上自己；到處拿架子擺譜，也不看看是誰的地盤，這一圈下來，周圍的同僚全成了敵人，一堆陷阱等著你踩，那就混不下去了，走人是早晚的事。所以，要混職場，得先承認自己的無知，閉著嘴學，弓著腰走路，像條泥鰍一樣生存，能屈能伸，才是良策。

記住，聰明不是擺在貨架上讓人看的，而是藏在口袋自己用的。職場就像一條河，河水時而平靜，時而洶湧。**在河邊走，最要緊的事情不是看著前方，而是緊盯腳下，哪兒有暗坑，哪兒是爛泥，步步謹慎，才能站得住，走得穩！**

你說的每句話上司都會知道，所以要想好該說什麼

別以為你的上司不知道你說了什麼、做了什麼。事實上，你所說的每句話，都可能被傳進上司的耳朵裡。

朱元璋當上開國皇帝後，為了監督百官，設立了錦衣衛。這些人專屬朱元璋，每天的工作就是向皇帝報告官員們每天都在幹些什麼，誰想謀反，誰貪汙，哪些官員走得比較近、誰跟誰經常串聯等等。

一次，朱元璋接見一名官員，工作還沒討論完，突然問他昨天的晚餐吃了什麼。官員老老實實回答了，朱元璋點頭微笑，說：「嗯，你沒說謊。不過，以後節約點，平時我白天的主餐不過兩菜一湯，你只是宵夜就上八個菜，是不是太浪費了？」該官員聽了，汗流浹背，因為朱元璋不但說出了幾盤菜，還把菜名都給他報了出來，絲毫不差。由此可見，錦衣衛對官員的監控有多麼可怕。

這個故事，講的其實就是職場的透明性。在職場，沒有不透風的牆，即便沒人像錦衣衛監視你，也總有人會告密的。無風不起浪，即便流言，也有它的出處。職場是一個透明的世界，說話之前，先想好該說什麼，不該說什麼。做事時，要做好最壞的打算，上司對你的行為一清二楚，不要妄想瞞天過海，因為敗露的代價承受不起。

所以說，人在職場，管好自己的嘴，要比做好該做的事要重要一萬倍。

你可以一事無成，但只要說錯一句話，很快就會倒楣了。因為在上司眼裡，庸才自有他的用場，但不會說話的人卻是萬萬用不得的，對上司說謊的人更是會被立刻踢出局。上司對下屬有兩個基本的要求，第一是忠心，第二是誠實。為了驗證一個下屬是否達標，當上司的會不擇手段，而且他有能力做到將辦公室變得透明，不但看穿你的心肝肺，還能搞得清你的腦子裡在想什麼。

做為一名下屬，要怎麼做呢？

首先，少說話多做事。

如果你對上司有意見，最好當面去說。他雖然有可能生氣，但卻很少記仇。只要你不在同事們面前說，不在背後「詆毀」他。你時刻都要記住，辦公室到處都有通風報信的小人，當一句話從你嘴裡說出來後，控制權就不在你，而在聽到的人。你再也沒法控制這句話的傳播，更無法掌握局勢，要不然，歷史上也不會有那麼多的殺人滅口了。說出去的話，潑出去的水，想必你不希望禍從口出的悲劇發生在自己身上。

其次，儘量對上司說實話，不要瞞報虛報。

事情做得再不好，也要如實交待，聽憑上司發落。有些人能力很強，但工作有了失誤，喜歡蒙上上司的耳朵，給上司假資訊。對這種下屬，沒有一個上司是喜歡的。相反的，那些能力平庸的人，雖然事情辦不好，但從來不會以假亂真，既聽話又誠實，當主管的就喜歡用這樣的人。

最後，職場既透明，又黑幕重重，真真假假，難以分辨。

如果總是實話實說，或者說話時不看時機，不注意身份，也會出問題。有些領導想聽你講實話，有時他又希望讓你說假話。揣摩上司的心思，就成了一門艱深重要的功課。

比如說三國時的劉備，臨死前把諸葛亮叫到床前，將劉禪託付給他，讓他監國，還說了一句很著名的話：「如果我兒子不成器，你就取而代之吧。」這話聽著是好事，可是很陰險啊！諸葛亮怎麼辦，他說真話還是說假話？就算他將來有可能李代桃僵，也不可能告訴劉備。因為劉備要死了，這時候就是要給兒子接班做好鋪墊，諸葛亮只要稍露一點異心，那麼腦袋馬上就沒了。

換到劉備的角度看，他希望聽諸葛亮說真話還是假話？很顯然，他希望聽到的肯定是假話，即便他覺得諸葛亮真有可能廢了自己的兒子，也希望在臨死前聽一聽諸葛亮表表忠心，好讓自己死得安心，走得放心。所以，諸葛亮撲通就跪下了，涕淚直流，又是表忠心又是捶胸口，甭管真假，最後，劉備放心而去。

這就是說話的藝術，主管隨時會知道的祕密，有時你要實話實話，而有時卻需要掩飾和隱瞞。不知有多少人，在這種事情栽過跟頭。他們都覺得自己沒犯錯，沒說謊，但是，你做的是對的事情麼？有些話說得雖然真實，但卻未必正確。

只會說實話並不等於會說話，**明明老闆已經知道的問題，但他讓你再敘述一遍時，也不一定就得實話實說，因為你還要猜測老闆真正想聽到的是什麼。**揀他最想聽的話說，做他希望你做的事，透明定律對你就不會有害處了！

避免聽壞話，更不要去傳壞話

曾國藩說：「凡人言及非人非理事，我雖不與謀，若從旁附和一句，便自有罪。故處此有三道，以至誠感悟之，上也。去其太甚，次也。漠然不置是非於其間，又其次也。」壞話，無論怎麼聽怎麼說都是壞話，並且可能因為聽到或者傳話，替自己帶來是非。

我經常遇到愛說別人壞話的人，不知道這些人是否在職場裡做事，如果還在職場裡生存的話，這就太可怕了。要知道，一個愛說壞話的人遲早有一天會碰個頭破血流的。這樣的人當面可以振振有詞地對你說：「我從來不在背後說人……」一會轉身他就會跟你抱怨上司又整他了、同事又合夥算計他、朋友又對不起他了。這樣的人管不住自己的嘴巴，犯了做人處世的大忌，平時在生活中還看不到太大的危害，在職場，如果他還是這副德性，那就麻煩了。

聽人講壞話，幫人傳壞話，甚至自己說壞話，這樣的人肯定沒有好下場。曾國藩對此深有感觸，他說如果有人傳播流言，背後咬舌根，我雖然沒參與這種謠言的製造，但站在旁邊附和了一句，也是有罪過的，一定麻煩纏身。

處理這種事有三條辦法，一是勸說他不要這麼做，這是上策；二是縱容他，幫著他傳播，這是下策；三是不管不問，裝沒聽見，這是中策。可見，一個人在職場能混到什麼境界，爬到什麼高度，對待流言的態度是至關重要的。不是合理的是非之言，不要聽，不要傳，這就是「非禮勿聽」定律。

人為什麼會說壞話

從心理學的角度看，說別人的壞話是一種攻擊行為。任何一種動物，為了自我防衛，或者為了同種之間的競爭和爭鬥，都具有攻擊的本能。在這一點上，人類也具有這種本能和慾望。這是職場中，某些人對說壞話感興趣並樂此不疲的主要原因。

因為有人的地方就有爭鬥，有利益的糾紛，當暴力手段不能、也不可解決問題時，運用語言對對方進行詆毀，就成了首選。所以，壞話是打倒對方的一種武器，謠言是中傷對方的一種手段。尤其在職場，在辦公室，一旦捲入這種是非，被一些說不清、道不明的流言包圍，往往就意味著這個人的前途走到了盡頭。

從法律的角度，公開說別人壞話，只要不觸犯法律，別人無法處罰你。在倫理上講，說人壞話很不道德，讓人不齒。但到了職場，說壞話，就成為權謀的技巧，尤其對於小人來說，這更是他中傷對手，以謀生存的手段。

因此，壞話就成了小人攻擊對方的有效武器。發現對方的緋聞，到處散播；挑出對方工作的缺點，用放大鏡進行放大，再搞得天下人皆知，不但要講敵人的壞話，還要搞臭他，讓他永世不得翻身。

宋代有一個官員，他為官清廉，對朝廷忠心耿耿，不與壞官同流合污，得罪了一大批人。這些人絞盡腦汁找他業務上的毛病，一條也找不到，就把槍口對準他的私生活，向皇帝上奏摺，說這個人：「生活放浪，蓄妓養童，在老百姓的口碑極差。」皇帝一聽生氣了，也沒派人調查，就把他降職流放，從山東調到西南的蠻荒之地任官去了。

還有些職場人員為了扳倒對手，經常在背後捏造他的各種不是，逢人就講，製造輿論。有道是：「三人成虎」，當流言形成洪濤巨浪時，再清白的人也是百口難辯啊！

「壞話」也要包裝

當你迫不得已需要講一個人的壞話時，你得學會聰明地包裝自己的真實意圖，將壞話說得好聽，講得隱晦。在這裡，聰明地講壞話，我們要達到兩個目的：

一，成功地中傷「敵人」。

二，人們聽不出這是「壞話」，有時甚至會認為這是「好話」。

漢武帝有一次問丞相田蚡對竇嬰的印象。竇嬰是田蚡的死對頭，兩人一向不和。田蚡當然不會說他的好話，他做夢都想置其於死地，但他也知道漢武帝十分英明，公然講壞話詆毀竇嬰，效果恐怕適得其反，反遭皇帝對自己的厭惡。

田蚡眨眨眼，說：「竇嬰從先帝時起，就是勞苦功高，門生遍天下，威望很高，臣親眼看見，到他門上拜訪的江湖俠士絡繹不絕，都要提前很多時日預約呢！」

短短的幾句話，都是對竇嬰的誇讚和羨慕，沒有一點要攻擊他的意思，但吐露的資訊，卻讓皇帝不爽。第一，田蚡把「門生遍天下」、「威望很高」和「江湖俠士」聯繫起來，無形中就提供了一種印象給皇帝：竇嬰不但在朝中有影響力，在民間也有極多的支持者，可謂黨羽眾多，有控制朝政和聚攏民間力量的強烈可能，這就構成了對皇權的巨大威脅。所以漢武帝一聽，眉頭立刻皺起來了。沒多久，竇嬰就被「冷落」，在朝中的權力被架空，只能釣魚取樂，打發時光，田蚡徹底取代了他，成為當時的第一權臣。

把壞話包裝成糖塊，才是講壞話的最高境界。而且在職場，最會講壞話的，往往是那些平時話不多的人。他們在說話這方面，不顯眼，也不出風頭，給人一種說話份量很重的印象：我這人要麼不說話，要麼就講實話。偽裝得很好！所以他們一張口，說的話就會引起人的重視。再加上擅於語言包裝，他們講出的「壞話」，殺傷力極大。試想，一個大家公認的小人說你哪方面做得不對，相信的人一定不多，但如果一個大家公認的君子突然說你某方面有問題，是不是會很有「說服力」？

說人壞話害人害己

講壞話的短期收益一般都是很高的，在流言的攻擊下，很少有人能扛得住，形象會大受影響。但有句話說得好，清者自清，濁者自濁。黑的不是白的，死的也說不成活的。對於那些沒有的事，捏造得再逼真，也有真相大白的那天。所以，背後講壞話、造謠言的人，從長遠的角度來看，一定會反傷到自己。因為人們儘管都喜歡用壞話攻擊別人，但卻沒有人喜歡一個常在背後嚼舌頭的小人。

害別人，也害了己，這就是講壞話的結果。

另外，身在辦公室，對於所謂的辦公室謠言都要有強大的免疫力，不要聽，也不要傳。沒有哪個上司會欣賞一個用壞話對同僚捅刀子的人，他一定擔心早晚有一天你這張嘴會對準他。當然，當主管想把某個人整走的時候，此時若有人揣摩上意，適時去打那人的小報告，主管會欣然接受你的「壞話」，順勢達到他的目標。但對主管而言，講壞話的人，頂多是他手中的一枚棋子，一把用完就扔了。當你的價值失去之後，他肯定毫不猶豫地卸磨殺驢。

忠告：對「壞話」情有獨鍾的職場人士，小心有一天你會成為別人手中一柄借刀殺人的工具。

孔子說：「非禮勿視，非禮勿聽；非禮勿言，非禮勿動。」職場中的「非禮勿聽」定律，最重要的就是一個「禮」字。不合乎公司規定的話，不要聽，不要說；不符合人之常情的話，也不要參與其中。

當你將「說壞話」變成自己的一種職業習慣時，你的前途就蒙上了一層陰影。不但在職場只能徘徊於基層，在生活中你也會失去很多朋友。**一個人，只有能夠理智對待別人說壞話，並能從中領悟到做人做事的道理時，他才有可能成功跨過職場晉升的關鍵門檻，提高自己的境界。**

偶爾對上級交心是必要的，但不是真的什麼都說

和上級打好關係沒有什麼不好，但是，一定要注意不要把心都交出去。很可能，就會被出賣。

在職場，和上司的交流極為重要。有時你還需要跟他交心，說說心裡話，聊聊人生，發發感慨，露露底牌，套套交情。不少人都希望得到這樣的機會，因為這意味著跟上司的關係更進了一步。但是，你要先設定一條原則給自己：和上級偶爾的交心是必要的，但卻不是什麼都可以說。

在職場，一個人要永遠與上司保持一條紅線距離，不要讓他抓住你的底牌，也別讓自己看到了他的底牌。這條交心定律告訴我們的是：如何與上司保持良好但又恰當的交流，既取得他的信任，又不會讓自己置於危險之中。

當然，和上司交心的好處有很多，比如：

一、能表明自己的立場，並經由直接交流展現自我能力和潛力。
二、能從上司那裡瞭解第一手的資訊，明白自我的位置，可以進行正確的自我定位。
三、這時也是提要求的絕佳機會，讓上司明白你的需要，但必須講究方式和方法。
四、適當的交心會讓上司覺得你是自己人，只是要讓他覺得你是忠誠的。

不過，如果什麼都跟上司說，也會讓他覺得你是個傻瓜，必要時他就會毫不留情地出賣你，拿你當一個可利用可犧牲的棋子。跟上司的交流也是雙向的，不但對上司說什麼要適可而止，聽上司說話，也要選擇性的傾聽。在職場，有時聽到的祕密比吐露的祕密對自己的傷害更大。

小盧畢業後進入公司不到一年，由於能力出眾，上司很是重視。最近，上司開始主動和小盧談起自身的家庭、朋友等私人話題，把他當做知心朋友一樣。小盧對此有些為難：作為自己的上司，他不好直接回絕傾聽，怕得罪上司，但與上級走得太近，又會讓同事們誤解。

起先，他只是覺得上司很隨和，但是時間長了，他發覺本人已不知不覺知道了上司的很多私事，或是知道了某某人的親戚是該公司的經理，公司裡還有幾個同事是靠關係進來的，而且還送過禮。更讓小盧感到尷尬的是，是他的同事對他開始有意見了，上司對他這麼好，別的人當然有些不服氣。所以，他發覺自己不由自主地掉進了一個「陷阱」中，而這，全是上司跟自己交心惹的禍！

在處理繁雜的辦公室人際關係時，保持與上司的合理距離，是最難把握的一件事。上司對你很器重，固然看起來很風光，但一旦你無意中透露了他的一些隱私，恐怕馬上就會引起辦公室的人際爭鬥。並且，在上司的眼中，你的印象頓時就會一落千丈。所以，做為下屬，應該儘量防止單獨與上司相處，即便需要跟上司交心，也要有的放矢：不該說的堅決不說，不該聽的堅決迴避。只有這樣，才能避免給自己的未來埋下隱患！現在上司信任你，告訴你很多祕密，有一天他不再信任你了，會怎麼辦呢？那時危險就來臨了，一定沒法給你好結果！

比靠山更可靠的，是讓自己有價值

安祿山一段時間備受唐玄宗寵信。在京任職的張洎與安祿山很友好。一次，張洎和詩人李白說了他和安祿山的關係，想將安作為自己職場的靠山。李白直言說：「安祿山有謀反之心，恐怕你會被連累。萬萬不可靠，還是靠皇上吧！」不久，安祿山反唐，張洎慶幸說：「幸好我沒有靠山！」靠山是靠不住的，只有讓自己有價值，才會有不斷地山來讓你靠。

混職場一定要有靠山，有靠山就有捷徑，但比起靠山來，還是自己的價值更值得信賴。通俗地說，無論是在哪裡，一個人都要讓自己有被利用的價值。可被利用，才能找到靠山，才能最終擺脫靠山。

職場上的個人價值定律告訴我們：只有自己有價值，才有了長期立足的基石。俗話說，靠天靠地靠父母，不如靠自己。你是上司的人，上司卻不一定是你的人。在職場就是這個道理，除了自己，誰也靠不住。

靠山只能管一時，自己才能靠一世

號稱中國歷史上最大的貪官和珅，他之所以在官場屹立幾十年不倒，就是因為找了乾隆當靠山。有皇帝撐腰，聽起來很讓人羨慕。的確，在乾隆寵他的時候，沒有人能夠扳倒他，想跟他鬥的，下場都不怎麼樣。但是乾隆一死，嘉慶上臺，他接著也完了，不但被賜死，全部財產都收歸國庫。

像和珅這種人，他對國家有害無益，橫行官場的唯一手段就是揣摩皇帝的心思，拍馬屁，唯一會做的事就是把國家的錢裝進自己的腰包。所以在嘉慶皇帝看來，這種人一無是處，一點價值沒有，當然就不會留著他了，動起手來一點也不可惜。

再硬的後臺和靠山，都只能管一時，把希望寄託在「背靠大樹好乘涼」上的想法是愚蠢的。就像唐代的張洎，他跟安祿山關係一度不錯，還曾經一度想把安祿山當作自己在職場的靠山，幸虧李白看透了安祿山的謀反之心，一番勸解，打消了張洎的念頭，才在後來的安史之亂中沒有被連累。假如當初他投靠到安祿山的門下，靠上那棵大樹，那麼安祿山這棵樹倒掉之時，也就是張洎身敗名裂之時。

把希望寄託在某個人身上，結局往往是這樣的。當你的後臺還靠得住時，自然要風得風，要雨有雨，但靠山一倒，你往往也是那個陪葬品。

不管時代如何變化，一個人的基礎價值和他的工作價值，都是他在職場或職場立足的根本。能做事，是最大的法寶，即便因為沒有靠山而暫時受到冷遇，也早晚會發光，因為他是真正的金子。至少，不會帶來無謂的麻煩和禍端給自己。

在職場裡，有時候也需要選邊站

如果一個人既能獨當一面，又具備忠誠不二的品格，那就是最硬的底牌了。當他有足夠的個人價值時，每個上司都會拉攏他。尤其是當上司需要跟對手競爭時，就更渴望下屬的效忠。這時，做為下屬的你，就會面臨一個站隊的問題。即，你必須選擇一個靠山，哪怕是暫時的。所以，人在職場身不由己，有時就需要選邊站，關鍵時要果斷地表現自己的忠誠。

不過，選邊是一門很巧妙的學問，選擇站在誰那一邊，等於你找了一座什麼的山來靠背。靠山選不對，後果是極為嚴重的。高層雙方同時競爭新位置，紛紛拉攏下面的同事支援，當他們向你暗示或發出邀請、給你許諾時，你首先要看清楚誰更值得倚靠，誰的實力更強，因為一旦你支持的人競爭失敗，他的下場只有一個：被外調。而被打壓的人群中，就可能有你的名字。

要避免這樣的麻煩，你就得讓自己的價值盡可能大，大到他們認為你是個不可多得的下屬。就算你的選擇錯誤，勝利者也不會把你怎麼樣，因為至少你還可以為他效命，而且每次爭鬥後的血雨腥風，都需要有人打掃戰場，穩定民心！

裝傻的人總是最不易犯錯

有人希望你明確選邊，你知道不管怎麼選都是錯的。此時，不妨裝傻，雖然看起來拙劣，但是卻不會因此犯錯。

當你必須選擇一邊，但又知道無論怎麼選都是錯誤的決定時，你該怎麼辦呢？裝傻定律告訴我們：那就選擇一個最不易犯錯的方法，把自己變成「傻瓜」！就像金庸說過的；「我年邁耳背以後，該聽見的話就能聽見，不該聽見的話就聽不見了。」

有些人，他們坐在辦公室裡，平時很精明能幹，但你只要問他一些要緊的問題，他就罔顧左右而言它，一副聽不懂的表情，讓你無可奈何，又氣又笑，覺得那人很讓人鄙視，其實這是很高明的生存術，不知摔了多少跟頭才修煉出來的鏡界。

你要明白：真正倒楣的總是那些明確表態的人，他們支持A或支持B，態度鮮明，立場堅定。可惜的是，如果結果註定不妙，他們的表態就是在為自己挖坑。所以，你不要害怕自己的裝傻會帶來什麼後果，因為在職場上傻子無罪，即便他看出你在裝傻，也依舊拿你沒辦法，反而有些人還會覺得你很識時務。

商朝的最後一個君主紂王整天花天酒地，酒池肉林，只顧享受，連當時是什麼日子都忘了，就問身邊的人，都說不知道，於是又派人去問箕子。箕子嘆了口氣，對他的從人說：「一國之主，讓國民們連月日都忘記了，這個國家就很危險了；一國的人都不清楚，卻只有我一個人知道，那我也很危險了。」於是他就對使者推辭說自己也喝醉了酒，一點也不知道這是什麼日子。

還有一個故事，說齊國的隰斯彌去見田成子，兩個人一起登上高臺向四面眺望。四周的三面，視野都很寬廣，只有南面被隰斯彌家的樹遮蔽了。田成子沒說什麼，隰斯彌回到家裡，就急忙叫人把樹砍倒，但沒砍幾下，他又不讓砍了。家人奇怪，「您為什麼改了主意？」隰斯彌回答說：「田成子有篡位的野心，如果我表現得像知道了這個祕密，那我一定會很凶險。比如砍掉這些樹，他肯定覺得我窺到了他的企圖，一定會殺我的。不砍倒樹，未必有罪。但知道了別人的陰謀，那問題就嚴重了。所以，我才決定不把樹砍倒。」

類似的例子還有燕王朱棣奪位之前的裝瘋，建文帝想削藩，派人試探朱棣的情況，朱棣知道這時自己處於危險之中。做為藩王，他是無法表態的，因為不管他表示同意還是不同意，皇帝都不會相信這是他的真心話。所以他只能選擇唯一的辦法：裝瘋賣傻。建文帝的使臣到了北京後，看到朱棣堂堂一個藩王，大熱天的穿著棉衣躺在床上，口中流沫，全身都是髒東西，眼看就是瘋了。使臣回南京一說，建文帝就信以為真，不再削藩。結果，給了朱棣整軍備戰的充裕時間，不久建文帝兵敗，丟掉了皇位。

為了迷惑對方，關鍵時刻，使點「心眼」適時地裝傻，既能有效地保護自我，又能從容地觀察形勢，實在是一種聰明之舉。睜隻眼閉隻眼，你說我糊塗？其實我一點也不傻！裝傻只是為了保護自己、迷惑敵人、以退為進的一種策略。真正聰明的高手，都是大智若愚，該精明時精明，不該精明時裝傻。

在職場上，會裝傻的人才容易合作，不會裝傻的人無法合作。要知道，看似聰明地做出選擇只會死得快，裝傻才能活下來。

第三章 恰如其分地突顯自己

職場步步驚心，但是，機會也往往因為步步驚心而常常出其不意地來到。對於「一窮二白」的人來說，機會遠遠要比有雄厚家世的人，來得更不容易，當出現問題，危險也就更強。所以，只有恰如其分地突顯自己，走在別人面前，才能一攬瓊枝，走上高位。

認清自己的位置和角色，才能做對事

你在公司裡是什麼位置——主角還是龍套？正職還是副職？臺上還是臺下……這些都應該分清楚。不能越位，不能缺位。缺位就是失職，越位就是越權。必須保證正位，爭取到位。

戲劇中，主角有主角的地位，龍套有龍套的地位。即使相同的話，主角能說，龍套也不能說，很簡單，地位不同。古代，不同官階的官員穿什麼衣服、帶什麼帽子，坐什麼轎子、甚至家門口的石獅子身上的毛都不能一樣。一樣了，就越權了，就是以下犯上，如果你以下犯上的對象是皇帝，你就等於死了。

雖然現代並不像古代那樣要求異常嚴格。形式上看起來像「平等」了，但是，官場文化卻沒有消失。說什麼怎麼說，做什麼事，怎麼做，都異常重要。權力分大中小，官分三六九，不管做什麼先要認清自己的位置，只有位置正確，才能說對話，做對事。

而在職場，該你操心的你必須操心，這是職責問題。如果不操心就是失職，而不歸你的事，不要做，甚至想都不要想，越級越位是職場的大忌，一次越級，如果得不到重用，那麼，就會被直屬上司為難。

因為越級，會讓上司失去安全感。即使沒有打小報告，沒有說他壞話，上司也會這麼想，否則，你為什麼不直接向他彙報？另外，越級上報還會讓他認為下屬不尊敬他，不服管教，對於不聽話的下屬，上司往往都是以打擊為主。

某新進人員，剛到公司上班就寫了「萬言書」，建議部門如何改善運行狀況，提高效率。「萬言書」輾轉到了部門高層手裡。高層看完「萬言書」，十分氣憤，「一個剛來的小職員，還沒有上班一個星期，就對部門指手畫腳。有什麼資格？一個新人上班最先做的是本職工作，瞭解部門，而不是弄個萬言書，嘩眾取寵，希望得到注意和重視！」

什麼時候，都不要忘記自己的本分。

值得注意的是，越級向「上上司」打報告，並不會讓你得到「上上司」的認可。因為你已經構成「叛主」的行為，哪怕你的主人不是什麼好主人，那也不能背叛！

因為有了第一次叛主，那就意味著以後會有第二次、第三次。這就是為什麼三國中，諸葛亮會對主動示好的魏延百般刁難，而對於不肯歸降或者被迫歸降的黃忠和姜維十分優待。即使，魏延當時並沒有做過什麼背叛的壞事。

信任，在職場中是異常重要的，即使墮落的職場人員也知道。他們也有自己的親信，誓死追隨。因為，行走職場如同走在刀刃上，一不小心就可能流血身亡。而一個人的耳目是有限的，所以，必須借助別人的力量來完成各種資訊的收集和整理，從而找到最好的方法去解決各類問題。

如果沒有信任，一切收集和整理的資訊自然就沒有了作用，甚至可能是有害資訊，所以，為了保全自己，大多人都是「寧可錯殺千人，也不能使一人漏網」！因為漏網的人，很可能會在關鍵時刻落井下石，給自己一刀。

總結來說，不管是責任，還是信任，根基都在於認清位置。只有認清位置，才能避免說錯話，做錯事，否則，你連自己為什麼被刁難都不知道。

恰如其分地突顯自己

年輕的時候，和珅只是一個三等侍衛。某日，乾隆帝看奏摺，發現要犯逃脫，隨口說道，「虎兕出於柙」，隨行的人都沒有答出來。和珅說了一句，「典守者不得辭其責。」就這樣，引起了乾隆的注意，小小的三等侍衛就開始了飛黃騰達之旅。

《郎潛紀聞》說了這樣一件事──

某日，乾隆看奏摺，發現要犯逃亡，很是不滿，隨口道，「虎兕出於柙」（注：出自《論語．季氏》），侍衛及官員們都很疑惑，不知乾隆說的是什麼意思。和珅隨即說道，「皇上意思是，管此事的人，應該負此責。」

乾隆十分吃驚，沒有想到一個三等侍衛會說出自己的心意。於是對和珅特別的關注，問他是否讀過《論語》，家世怎樣，年紀多大。和珅應答如流，侃侃而談，乾隆帝更是欣喜不已。於是，小小的三等侍衛就開始了飛黃騰達之旅。

當然，和珅的貪汙是讓人唾棄的，更不能去效仿。但是和珅這樣的謀求官職並沒有什麼不對。因為他是靠自己的學識和談吐來征服乾隆的，而不是靠黑箱操作來謀求職位。

年輕時候的和珅並不是貪官，也沒有貪汙的「資本」。早在和珅三歲的時候，母親就去世了。而繼母對和珅兄弟十分苛刻暴戾。而和珅父親又常年戍守在外。所以他早早就知道讀書的重要性。和珅九歲就以優異的成績選入到了北京最好的學校咸安宮求學。十歲，和珅喪父。到二十歲當官期間，少年和珅磨難非常。

值得注意的是，少年和珅十分勤奮，不僅通讀《四書》《五經》，詩詞佳作，還掌握了滿、漢、蒙、藏四種語言。這為和珅在以後接待各類「外賓」打下良好的基礎。比如，在木蘭圍場，所有大臣都看不懂藏語的公文，但和珅卻能很流利的翻譯。

和珅曾遭遇科考腐敗，而名落孫山。科考走不通，和珅就承襲了祖上掙來的三等輕車都尉的世職，走進仕途。而為了得到重用，和珅很早就「鑽研」乾隆詩畫和書法，瞭解這位滿清第一大上司的心理。這也是為什麼他能在最短的時間，讀懂乾隆的話，而說出最適合自己的答案。

官場步步驚心，但是，機會也往往因為步步驚心而常常出其不意的來到。對於「一窮二白」的人來說，機會遠遠要比有雄厚家世的人，來得更不容易，當出現問題，危險也就更強。所以，只有做足夠的準備，恰如其分的走在別人面前，才不會被小人懷恨，也才能一攬瓊枝，走上高位。

當然，現代和古代君臣模式已經有了很大的區別，行走刀劍的時代似乎已經過去了。被滅九族的情況也沒有了，但是，職場的文化和古代差別並不是很大，稍一不小心，滿腹才華被「埋沒」，也是常事。

所以，在顯示自己的時候，就要精心的安排，參謀全局，不能擋著別人的路，被人嫉恨。另外留下「機會錯過」的臺階給自己，不要過多奪掉別人的鋒芒，畢竟，並不是嘗試就代表成功。即使成功，斷掉自己後路的成功，往往也更危險。

馬桶再臭，屁股坐著嗅不到；一旦屁股離開，臭味馬上出來

一些高層在位時，口碑不錯。一旦離任，問題就源源不斷暴露出來。其實，在位時也有問題，只是被捂著藏著。

馬桶效應的原本意思是：不管多臭，馬桶上面只要屁股壓著，臭味就不會出來，一旦屁股離開，臭味馬上就出來了。

官場上，一些高層在位的時候，口碑不錯。並且好評不斷，獎章滿胸，但是，剛剛離任不久，問題就源源不斷的暴露出來。其實，他們在位也有問題，只是被捂著藏著。這樣就和坐馬桶一樣，方便、隱蔽、爽快。只要權力在手，一切問題都不是問題。

即使有「清差大臣」過來督查，查出來的，往往是主管如何能力出眾，業績如何顯著。因為「馬桶下面」的造就被捂著了。聰明的還會實用清新劑、抽風機，臭味不僅跑光光，還有不錯的味道。

當然，這些都只是暫時的掩蓋，真正的問題並不像馬桶的臭味一樣真的解決掉，而是一直存在。只要新人想做出業績，老長官的臭味很快就會被揭開。清官成為貪官，廉潔變成腐敗。尤其當原位主管得罪某些大人物，臭味出來的更快，更猛，其中不乏驚世駭俗的事件。

原因很簡單，靠權力磁場吸引的各類人馬，只要權力磁場不在，自然大家眾倒猢猻散，為了避免自己捲入羅生門，更多的人願意用揭發，保全自己的利益，蓋子掀開，馬上各類噁心的問題都浮現出來。

所以，壞事情，無論怎麼捂著著，都是壞事情。權力場從來沒有一個貪官可以長期不倒，倒了問題就會出來。即使，已經退休、死了，也會被挖出來。所以，從來不允許僥倖心理存在，貪圖一時的快感而壓著的問題，只要權力不在，問題就會出現。

官場中，為了避免權力的磁場消失，馬桶揭開，還是把屁股底下的問題處理好，要想減少臭味，最佳的辦法就是清淡從事。而肥腸滿腹，自然屁股底下味道就重，被打屁股的機率也就大。

站得越久，越有可能是站錯了排

排隊的時候總發現，另一排總是動得比較快；但是當你換到另一排，原來站的那一排，卻動得比較快了。然後再去換排，循環往復，結果，後來的人都排到你的前面去了。可想而知，站得越久，動得越慢，越表示你可能是站錯了排。並且，如果你開始就站對了，那麼，換排的機率就會小很多，排到你前面的人也不多。

排隊的時候總發現，另一排總是動得比較快；但是當你換到另一排，原來站的那一排，卻動得比較快了。然後再去換排，循環往復，結果，後來的人都排到你的前面去了。可想而知，站得越久，動得越慢，越表示你可能是站錯了排。並且，如果你開始就站對了，那麼，換排的機率就會小很多，排到你前面的人也不多。

職場上同樣如此，不過，因為性質不同，危險係數也就大大提高。一旦選錯隊，就可能捲入是非，阻斷前程，而選對了，就是升職加薪，得到重用，擁有錦繡前程。

總要有一個隊屬於你

很多人不喜歡選隊，希望兩頭討好，但是，事實上，真正的無門無派反而更加危險。而選邊站和清、貪與否並沒有關係，海瑞是清官，並且特立獨行，但是，他仍然被認為站在徐階身後。

生活中排隊是為了秩序，以及儘快站在隊伍的最前面，職場的派系，只有後者：儘快走到權力的上限。這和官慾大小並沒有太大的關係，官場裡混就是「逆水行舟，不進則退」，只要你在這個環境中，那麼，就要找到保存自己、更上一步的最好措施，而選邊站正是應需而出。

北宋時期，政壇上曾出現三位天才：王安石、司馬光、蘇軾。不可否認，三者都是正派忠臣，並且最初關係不錯，但是，當王安石走上相位，卻和司、蘇決裂。作為守舊派的兩者，很快被貶。後來王安石新政推行不利、垮臺，司馬光拜相，剛剛官路有所起色的蘇軾卻一改守舊風格，認為新政不錯，結果，再次被貶。

蘇軾是天才，也是自傲的，有自己的政治理想，所以不屑於排隊，和當權者作對，結果，到了最後，自己卻排在了最後。

找到正確的組織

找到正確的組織，領頭走得快，隊伍自然就走得快，自然步步高升。而領頭的走得慢，甚至倒了，那麼隊伍就慢，甚至散了，還要及時找到組織去排隊。

隋末，東晉名士謝安、謝玄、謝石的後裔謝映登，人稱「神射將軍」，靠著一把精湛的銀槍，成為瓦崗五虎將之一。不過，在唐朝初建中，他並沒有像羅成一樣成為令天下敬佩的英雄，而是歸隱山林，出家修道。

原因是最初走上「綠林」時，他和王伯當、單雄信關係密切，而單雄信遭到徐茂公、羅成排擠的時候，謝映登也成為被排擠的對象，雖然有一身武藝，但是卻被擱置。政治生涯被截斷，最後，心灰意冷，歸隱山林，潛心修道。

堅持到底，原則上從一而終，個性上保持自己

如果選擇了排在哪隊後面，就要堅持到底，反反覆覆的換隊是大忌。一次換隊你原來的「排隊」就要前功盡棄，而三番五次的換隊就會讓自己的信用和「人品」在人心中大打折扣，即使有有才華，上層人士也只是忌憚、防衛、甚至封殺，而不是重用。

三國時期的呂布武藝雖然是人中之龍，但最後卻還是被「愛才」的曹操所殺。很簡

單，因為他跟過丁原、董卓、又曾經為袁術效力，「背叛成性」，生性多疑的曹操自然為了以絕後患下令殺掉。相反的，那些「忠心為主」，從一而終的人，卻是受捧的對象，比如三國的關羽，不僅當時為曹劉所爭，還成為以後的武聖。

當然有爭鬥就有成敗。失敗的組織面臨瓜分、被困，但是很多時候，這是一時的。尤其，當成功上位的人是個明智的人，理解被人「逼著、拉著」排隊的現象。只要大人物和關鍵人物倒下去了，安撫和招安就是下一步的事情。

所以，站隊是必須的，但是避免趨炎附勢，以免引火焚身。

把問題搞大，再去解決

家裡的鍋子漏了，找補鍋的來補。補鍋匠一邊擦去鍋底的黑，一邊找藉口支走主人。趁主人轉身不注意的時候，用小錘輕輕在裂縫處敲幾下，那裂縫就更大了。待主人轉過身來，補鍋匠就說：看看！裂縫有這麼大！主人一看，果然如此。忙請補鍋匠補好。於是皆大歡喜。此之謂補鍋法。

厚黑教主李宗吾在絕世奇書《厚黑學》中說：「狄人代衛，管仲按兵不動，是『補鍋法』。」並做了具體的解釋——

「家裡鍋漏了，找補鍋的來補。補鍋匠一邊擦去鍋底的黑，一邊找藉口支走主人。趁主人轉身不注意的時候，用小錘輕輕在裂縫處敲幾下，那裂縫就更大了。待主人轉過身來，補鍋匠就說：看看！裂縫有這麼大！主人一看，果然如此。忙請補鍋匠補好。於是皆大歡喜。此之謂補鍋法。」

補鍋，不僅鍋匠會用，從中得利，大臣也會用，其中謀求的利益更是不可小覷——

齊桓公繼位後，管仲輔國。齊桓公剿滅山戎之後，北狄王兔死狐悲，很是氣憤，大舉進攻中原。北狄王先進攻邢國，大肆搶奪，跑回北狄，後來得知齊桓公沒有動靜，於是得寸進尺，興兵伐衛。

衛國國君為衛懿公，衛懿公好養仙鶴，不管百姓。當北狄進犯時，衛懿公被百姓拋棄，無可用士兵，被砍成肉泥，衛國亡國。當時，齊國沒有動靜。鄰近的宋軍過來支援，但到了衛國，北狄王已將衛國搶奪一空後，逃之夭夭。

衛國無君主，新立君王很快又因病而亡，衛國大臣跑到齊桓公面前哭訴。齊桓公說：「（衛懿公）無道昏君，害國害民，死有餘辜。」

當時，北狄又開始侵犯邢國，齊桓公在管仲建議下，先討伐北狄援救邢國，然後再幫助衛國築城。北狄打退後，管仲和齊桓公主持邢、衛兩國的復國。老百姓遷入新城之後，很高興，亡國悲痛很快就忘記了，但是，他們記住了齊桓公的好。

北狄的入侵和齊國有千絲萬縷的關係，但受罪的卻是小國——衛國和邢國。而原來衛國已經出現「破裂痕跡」——衛懿公昏庸，因為齊國沒有阻止北狄的入侵，衛國「破裂」加劇，最終亡國。此時，管仲出來補鍋，非但沒有遭到百姓的拒絕，反而讓百姓拍手稱快，真是補得「滴水不漏」。

這就是補鍋的權謀。想要補鍋滴水不露，就要把握補鍋的尺度，否則，力道一大，補鍋不成，反而把鍋敲碎，就補不起了。當然，歷史上善於補鍋的不僅僅是管仲，還有三國時期的諸葛亮，在七擒孟獲後，又七次放掉了孟獲。每次放掉孟獲，都敲一下孟獲的「心」，直到孟獲自己當山大王的心變得七零八落。最後，諸葛亮再籠絡孟獲，依舊讓他做大王，只不過是蜀國的西南大王。就這樣，鍋就補好了。

當然，不是每個人都可以這樣七擒七縱，這要因人而異。項羽放掉劉邦就是其中的典型，鍋沒有補好，反而自己被鍋砸死了。所以，補鍋，一定要掌握好程度，因人而異。

另外，在補鍋的時候，還要注意下面幾點——

首先，鍋不是補鍋匠敲壞的，是鍋子的主人用壞的

無論任何事，都要有負責人。為了防止危險發生，那麼就要把責任「推到」別人身上。如果你是補鍋的人，不管鍋壞的責任在於哪個人，只要「不在自己身上」就可以。當然，也不必去管鍋是鍋的主人用壞的，還是小偷砸壞的。一般來說，在補鍋中，鍋的主人是責任的承擔者，同時也是鍋進一步「破壞」的風險承擔者。

其次，補鍋匠想要獲利，就要有補鍋的條件和能力

想要去補鍋，就要有鍋的主人授權補鍋。所以，獲得授權的機會是最重要的。當然，鍋的主人會選擇好匠人補鍋。所以，口碑能力是必須的。當你做一件事情同樣也是如此，你要確認這件事你能夠「補好」，最好滴水不漏。春秋管子和三國孔明，就是其中佼佼者，補鍋完畢，會讓人拍手稱快，同時，自己又獲得最大的利益。

補鍋，最關鍵的一環是：把鍋的裂縫敲大

只有北狄人入侵衛國，管子才有機會去幫助衛國復國。如果之前就把北狄消滅，自然也不會有後來的復國「補鍋」，贏得衛國人民的好感。在適當的時候，在自己能控制的範圍內把問題搞大，讓人知道問題的嚴重性，這樣就會引起重視，得到授權，最終實現補鍋的利益。值得注意的是，鍋已經壞得很嚴重，如果問題介於可控和不可控的邊緣，再去擴大，就會偷雞不成蝕把米。所以，可控——是敲壞鍋的必須遵守要點。

在職場中，我們並不建議，把問題擴大後再去解決，因為很可能失控，上司、同事可以一時被矇騙，但是總有清醒的一天。在這裡，我們瞭解補鍋法關鍵在於，避免自己被別人「補鍋」所貽害，被騙成為為別人做壞事的責任人。

鋸箭法：不可不知的辦事妙法

一個將軍的手臂被箭刺到，去找外科大夫，結果外科大夫幫他把在外面的箭鋸掉。將軍就迷糊了，問：「你怎麼只鋸了一截呢，還有手臂裡的半截怎麼辦？」大夫笑笑說：「我是外科大夫，裡面的你去找內科大夫。」此法適合如今的政府部門，遇事推託，你推我、我推給他，屬於辦事妙法之一。

在《厚黑學》中，李宗吾說：「召陵之役，不責楚國僭稱王號，只責他包茅不貢，這是鋸箭法。」鋸箭法是和補鍋法相媲美的職場生存方法。

李宗吾在《厚黑學》這樣解析——

一個將軍的手臂被箭刺到，去找外科大夫，結果外科大夫幫他把在外面的箭鋸掉。將軍就迷糊了，問：「你怎麼只鋸了一截呢，還有手臂裡的半截怎麼辦？」大夫笑笑說：「我是外科大夫，裡面的你去找內科大夫。」此法適合如今的職場單位，遇事推託，你推我、我推給他，屬於辦事妙法之一。

厚黑學的鼻祖——管仲為齊國做出具有一次代表性意義的國家布局，就是經典的補鍋法應用。

當齊桓公依管仲意見，「挾天子以令諸侯」之後，位於南方的楚國，竟自號稱王，於是，管仲和齊桓公協天下諸侯討伐楚國。興師理由是：「包茅不入貢予周室」（不上交貢品）。並且，討伐的對象不是楚國，而是蔡國。大軍行到楚國邊際，早有楚國人在此等待，管仲知道洩密。於是，大軍在附近的漢水駐紮下來。

而本來以為伐楚的楚成王，很是奇怪，得知因為「包茅不貢」，最後，派使者和管仲商議，兩國講和，楚成王上貢包茅，最終也像其他國家一樣，聽從齊國指揮。

明明是準備興兵討伐楚國不服從「周王」綱領，卻去以「包茅不貢」的理由，討伐蔡國。這就推脫掉原來的理由，把箭頭鋸掉了，從外科的「戰爭」轉移到「議和」，最終管仲不興一兵一卒，就讓楚國表面意義的臣服了，箭頭在內，既不影響楚國的根本利益，也讓齊國最終「號令諸侯」，真正成為號令天下的大國，而管仲的名聲也更是響徹齊楚大地。

身在職場，說話辦事，都不能直接來，所以，「鋸箭法」在古代官場十分普遍。比如，文武兩派，一主和，一主戰，而夾在中間的人，就成為爭奪的焦點。但是，不管主戰還是主和都會自己無利，所以，推託說，「我很贊成，但是，這件事最終還是要××定奪。」前面的贊成是外科、鋸箭，而××定奪，就變成內科，而且往往不得而知。

當然，當今職場衝突被弱化了，但是同樣面對一些棘手而自己又不想解決的問題，所以，很多人都會推說「這件事提的很好，我們再去討論一二」，或者「目前我們還有最要緊的××事，這件事暫時後延」。總之不論怎樣推心置腹，最後的結果只有一個，把問題暫時「鋸掉」，再出現問題就不是「我的問題」了。同時，這樣做即不會傷面子，還會讓人感到合情合理。

身處職場，適當瞭解「鋸箭法」一二，可以讓你明辨誰是真正幫你的，誰又是呼嚨你的。以便及早做好準備，防止自己因為「空頭承諾」而耽誤要緊事情。當然，如果你有不便直接拒絕的問題，可以採用鋸箭法，不然，過於直接的拒絕可能會傷了別人的面子，把你懷恨在心。

不要得罪小人物

烏賊看起來沒有殺傷力，也構不成威脅。但是牠卻可以把水攪渾。而職場上，最可怕的對手，並不是明槍暗箭，而是烏賊型小人物。

讀過歷史的人都聽過，「慶父不死，魯難未已」這句千古警訓。歷史是這樣描述這段事情的——

春秋魯莊公生了重病，和大臣商議，最終決定立公子般為太子，以繼魯國。當時，他的同父異母弟弟慶父，對魯國王位也是虎視眈眈。此人奸詐多疑、暴躁專橫，暗地裡還和魯莊公的夫人（相當於王后）哀姜私通。

因為整個冬天沒有下雨，公子姬般便在大夫梁氏庭院裡奏樂祈求降雨，其實，他真正目的是和梁女約會。忽然，他發現馬伕犖也來了，並且對梁女做粗俗的舉動，很是生氣，以破壞祈求降雨的儀式為理由，命左右將犖拿下，狠狠打了三百鞭子。犖苦苦哀求，公子般最後把他放了。

公子般和魯莊公說了此事，魯莊公建議殺掉犖，因為馬伕犖力大天下無雙，鞭打他，只能讓他懷恨在心。但是，公子般卻認為犖只有匹夫之勇，沒有在意。

被打的犖對公子般很是怨恨，跑到了公子般的政敵慶父那裡做起了爪牙。公子般繼位後，慶父抓住公子般外出的機會，挑唆犖說，「還記得公子般的鞭打之恥嗎？現在他是蛟龍離水，你完全可以殺掉他！」

於是，犖在半夜闖進公子般外出居住的寢室，把公子般殺害了。從此，魯國國政落入了奸人慶父之手，而慶父又接連殺掉了兩位新任國君，弄得國無寧日，百姓怨聲載道。

僅僅是因為一個小人物——犖，整個魯國國家就陷入了水深火熱之中。犖是小人物，也正是因為小，犖才不能掀起風浪，所以，才不被公子般重視和注意。結果，一個小人物攪亂了整個魯國的政治，背後黑手——清風渾水摸魚，把握朝政。

小人物就像烏賊一樣，看起來沒有殺傷力，也構不成威脅。但是牠卻可以把水攪渾。職場上，最可怕的對手，並不是明槍暗箭，而是烏賊型小人物。烏賊型的小人物看起來於事無害，但是，在關鍵時刻總是能把事態攪渾，讓人防不勝防。結果，辛辛苦苦的努力而得到的權益，就被幕後黑手渾水摸魚的搶走了。

那麼，怎麼對待職場小人物？

遠小人是不切實際的

「親賢人，遠小人」，古代的賢人多是清高無塵的，所以，總會看到清濁分明的派系。但是，並不是想遠離小人就能遠離，只要有「權利」存在，小人就像蒼蠅一樣嚶嚶而來。而現代職場，不管多麼傻的小人也都會偽裝，「大奸若忠」，表面上道貌岸然，骨子裡齷齪的小人更是多。所以，遠離所有的小人是不切實際的，所以，在與小人交往的時候，更是要謹慎小心，避免因為小事而把小人物得罪。

不能誅殺，就利用

古代對待小人物，一般都會像魯莊公一樣，殺掉以絕後患。不過，這種方式是違法的。所以，對待小人物，最好的辦法是利用。小人懂得利用小人為自己辦事，慶父深懂小人弱點，所以，才會在犖「落難」之時伸出援手，以為己用。其實，小人物也有作用，他能攪混水，那麼，你可以渾水摸魚。

不要姑息小人物，要把小人物看做真敵人

對敵人的殘忍就是對自己的殘忍。而小人物雖然稱不上敵人，但是，他卻能讓你「死於非命」。所以，當你得罪小人物，最好的辦法就是把小人物當做真敵人。只有對敵人，你才會有足夠的警戒心理去避免危險。當然，只有對敵人你才能狠下心，把小人打倒。

不要姑息小人，如果你以「寬大」之心被小人「欺負」，那麼他非但不會感激你的寬厚，反而會得寸進尺。因為小人本質上是膽小怕事的，在厲害角色面前低頭哈腰，而遇到能被他「欺負」的，他就會得寸進尺，一次、兩次，然後無數次的傷害欺辱。

值得注意是，小人物欺負人和權力大小沒有關係。**如果他事後知道你是個大人物，不但會因為害怕而放棄，反而因為害怕鋌而走險，因為他害怕你報復他，只好「先下手為強」。**

第四章　距離決定命運——如何維持人際關係

距離決定命運！和上司的關係，太近了不行，太遠也不行。太近了，選錯邊，一旦上司倒下，就會大難臨頭。而離得太遠，就會被上司「忽視」，做不出成績。

與上級的位置要不遠不近

距離決定命運！和上司的關係，太近了不行，太遠也不行。太近了，選錯邊，一旦上司倒下，就會大難臨頭。而離得太遠，就會被上司「忽視」，做不出成績。

《莊子．內篇．人間世》，提到養虎、養馬兩件事——

養老虎的人從來不會用活物去餵養老虎，因為他害怕老虎在撲殺中，激起老虎的凶殘，他也不會去用整物去餵養老虎，害怕老虎在撕裂動物時，激起本性。因為熟知老虎的性子，順性而為，結果，老虎即使再凶殘，還是會向飼養者搖尾。

養馬人的人十分喜愛馬，對他的馬更是無微不至的侍候，他用竹編的筐子去接馬糞，還用巨大的海蛤去裝馬尿。

一天，他看到吸血的馬蠅爬在馬背上，出於愛馬之心，就去拍了一下，結果馬受驚，掙脫轡頭，一腳踢傷了養馬人，然後瘋了似的跑掉。愛馬的人本意是愛馬，卻因此痛失所愛，還被溫順的馬踢傷了。

養老虎和養馬，顯然後者危險係數要低的多，但是，後者因為不懂得處理兩者之間的關係，雖然細緻入微關懷備至，卻因為拍馬屁股上的馬蠅而被踢傷。而前者則是與老虎則是不遠不近，做到自己需要做的，保持一定距離，結果，老虎也被馴服了。

古人說：伴君如伴虎。

因為稍微觸怒君主，就可能「提頭來見」，當然，從君主那裡丟掉腦袋的人也不在少數。雖然如此，把君主當做「沒牙」老虎的人也不少，比如，李鴻章就認為「最簡單的事莫過於做官」。這樣的人，懂得如何處理上下級關係和距離，不管自己侍候的是像老虎一樣凶殘的上司，還是像馬一樣溫順的上司。都可以保全自己，處處得勝。相對古代職場來說，現代職場要「輕鬆」許多，因為不會出現「提頭來見」的事件。但是，和上司的關係卻仍舊像古代職場一樣，如履薄冰，和上司的關係，太近了不行，太遠也不行。太近了，選錯邊，一旦上司倒下，就會大難臨頭。而離得太遠，就會被上司「忽視」，做不出成績。

那麼，怎樣才能擺正自己的位置，和上司不遠不近呢？

自保是前提

職場只有先自保，才能去進諫。所以，如果直言不可取，那麼曲線就可救國。比如，養馬人看到馬蠅吸血，只要趕走馬蠅就可以了，然後，再去提醒，自然就會獲得認可。

順應本性做事

上司是老虎，你非要讓他吃素，那麼，他自然遠離你。古代奸臣大多喜歡「投君所好」才會受寵。雖然諂媚不可取，但總是逆著上司的本性做事，自然更不可取。如果養虎者不斷給老虎吃素，那麼，飢不擇食的「老虎」，可能沒有等到真正食物上來之前，就把養虎者撕碎了。

只有順應本性，保持適當的距離，才會引起上司的注意和好感，得到進一步提升。

認識自己的位置

養馬的人因為拍了馬屁股，才引起馬的受驚，結果自己被踢。關鍵原因是，馬不懂養馬者是在為自己拍蚊蟲。以為養馬者是要謀害自己。

職場上，雖然每個上司的性格都是不一樣的，但是，卻有一點是相同的——多疑。只要觸及自己的底線，那麼，不管多麼仁慈的上級也會把人趕走。所以，不要做「拍蒼蠅」的事情，因為這種事情，只有至親才能做。

所以，像越級報告、傳上司流言的事情，是萬萬不能做的。**不要以為別人可以越級報告，可以傳流言，你就可以。因為職場中，每個人的位置都是不同的。**

一旦利用價值失去，距離被拋棄也就不遠了

「兔死狗烹」這個成語典故，源於西漢大將韓信「狡兔死，良狗烹；高鳥盡，良弓藏；敵國破，謀臣亡。天下已定，我固當烹」的精闢之言。

勾踐擊敗齊國後，兩位輔佐之臣，范蠡和文種，分別被封為上將軍和丞相。但是，范蠡堅決棄官歸隱齊國，臨走對文種說：「越王為人長頸鳥喙，可與共患難，不可與共樂。子何不去？」

文種不信。不久，勾踐對文種說：「先生教給寡人七種滅吳的辦法，寡人只用了三種，就把吳國滅了，還剩下四種沒有用，就請先生帶給先王吧！」文種只能無奈自殺。

「狡兔死，良狗烹；高鳥盡，良弓藏；敵國破，謀臣亡。自古患難易共，富貴難同。」而類似兔死狗烹這樣的事，歷史和今天都在不斷重演。功高震主，才華漫天的人往往為君王最為忌憚。聰明的臣子會像范蠡一樣，遠離權力，歸隱山林，而想分戰後一杯羹

湯的，往往遭到誅殺。

為什麼會出現兔死狗烹？

沒有了外部壓力，內部衝突就會加深。職場上的政權爭鬥往往如此，能夠有難同當，但不能有福同享。因為有難的時候，大家是同一繩子上的獵物，只要不努力的掙扎，就會失敗，而成功的時候，拴在一起的繩子已經不在了，反而還有了諸多權利的誘惑，於是，內訌就出現了。

當然，職位高的，會比職位低的有權力和實力。好的時候，主管可以和屬下穿一條褲子，睡一張床，但是，當有了兩張床，不管自己睡哪張，都不願意別人一起睡。當然，害怕的是，自己睡在床上，另一個把自己殺掉，共占兩張床。

於是，在疑心病的作用下，為了「自保」，就有了鳥盡弓藏、兔死狗烹。所以，聰明的人，從來都害怕自己「功高震主」，成為被誅殺的對象。

避免功高震主，才能安享成功果實

道光二十七年（西元一八四七年）六月初二，曾國藩被第六次任職為內閣學士，同時兼禮部侍郎的頭銜。曾國藩很是驚詫，在十七日的寫給祖父的信中說：「孫由從四品驟升二品，超越四級，遷擢不次，惶悚實深。」

職場中，權力提升是讓人嚮往的。年輕的時候，曾國藩也是對晉升有著很大的興奮，雖然「惶悚實深」，但並不影響他晉升的速度，「三十七歲至二品者，本朝尚無一人」，是的，「十年七遷，連躍十級」的人的確很少。

但是，到了晚年，經歷職場起落的曾國藩對權力的慾望就大大降低了，反而，在職場如履薄冰，一心求保。

同治元年六月，曾國藩升任兩江總督，在給弟弟曾國荃的信中，他表達了晉升之後的惶恐之情——

「我僥倖居於高位，又有一點虛名，時時刻刻都有摔下來的憂慮。我觀察古今人物，像有我這種名位權勢的，能善終的很少，我很擔心在全盛的時候，無法使弟弟們有所長進，我摔下來的時候，卻要連累弟弟們。只有趁還沒有事情時經常以危詞苦語互相勸誡，才差不多免於大禍吧。」

正是這種心態，才讓曾國藩職場生涯坐得「四平八穩」，讓他避免了慈禧用完了湘軍清理太平天國，兔死狗烹的災難。

所以，在上位時不要得意而沾沾自喜，否則，當你洋洋得意的時候，就是落馬之時。

懲罰某一個人而嚇唬另外一些人

相傳猴子是最怕見血的，馴猴的人首先當面把雞殺了給牠看，叫牠看看血的厲害。才可以逐步進行教化。捉猴子的人就採用這殺雞戰術，不管牠怎樣頑強抗拒，只要雄雞一聲慘叫，鮮血一冒，猴子一見，便全身軟化，任由捉獲了。

滅掉商紂之後，周朝百廢待興，急需人才為國家效力。於是，姜太公禮賢下士，希望有志者出世效力周朝。

齊國有一位名叫狂橘的賢人，地方上很多人士極為推薦。於是，姜太公慕名拜訪狂橘，但是，三次拜訪都遭到了狂橘的拒絕。不久，姜太公找了個理由，把狂橘殺掉了。

周公聽此消息，想救狂橘但沒有來得及，很是惋惜，問及太公：「狂橘是位賢人，不求富貴顯達，自己掘井而飲，耕田而食，正所謂隱者無累於世，為什麼殺掉他？」

太公說，「四海之內，莫非王土，率土之濱，莫非王臣。每個人都應該為國家出力。

在立場上，只有兩個──擁護和反對。國家初定，不能允許有猶豫或中立的人存在，狂橘雖是賢人，卻不為國家效力。如果天下的賢人都是這樣，那就沒有可用之人了。所以，殺了他，就可以讓他人以儆效尤！」

狂橘被殺後，那些自命清高的人，都不敢隱居下去了，紛紛出世。

「治亂世。用重典；治亂軍，用嚴刑」。當仁慈不能解決問題，武力就成為唯一的手段，殺雞儆猴就是其中之一。為了使計畫順利進行，法令可以貫徹執行。在位者往往會採用此種手法，恐嚇其他人，雖然「損失」了一個人，卻可以讓一群人為自己效力。

當然，使用「殺雞駭猴」的人不僅僅是姜太公，歷朝歷代使用此法者都不乏其人。從秦朝的焚書坑儒，到明太祖朱元璋，先後頒布的《大明律》、《明大誥》、《武臣大誥》等律令，提出了很多嚴酷刑罰，如族誅、斷手、刖足、閹割以治官吏，都是殺雞駭猴的馭眾手段。

而中國五千年歷史，最為經典的而被人傳頌的殺雞儆猴，莫過於三國時期的諸葛亮揮淚斬馬謖。

當馬謖失街亭後，諸葛亮很是痛苦，甚至惋惜掉下眼淚，但還是把不聽指揮的馬謖斬掉。不僅讓死去的馬謖深深感念丞相的仁慈（軍令狀是殺馬謖全家，結果只殺掉馬謖一人），還讓三軍感念丞相的治軍嚴明，賞罰分明（諸葛亮自降三級），最後從容退師。

這就是權力的槓桿作用，用一個人撬動一群人的手段。當然，相比一群人（猴子）來說，一個人（雞）就顯得無足重輕了。具體在使用殺雞儆猴的手段，要有以下條件——

第一，雞的價值要遠遠小於猴子

如果雞和猴子的位置對調就不是殺雞儆猴了。這樣既損失了有用之人，還可能引起公眾憤怒。這就是為什麼諸葛亮可以殺掉違反軍令狀的馬謖，卻不能殺掉違反軍令狀的關羽。因為兩個人對於劉家的意義是不同的，除去關羽一身武藝之外，還有特殊的身份——劉備的兄弟。

職場上，想要拿一個人出來「恫嚇」眾人，這個人不能靠山太大，太大就會引火焚身。當然，最佳的人選最好是：有才能，但是沒有太強背景的，這樣，既能恫嚇眾人，也不會讓上面有所微詞。

第二，支撐要足夠

殺雞儆猴本身就是一個權力的槓桿作用，如果沒有中間足夠的支撐，那麼，可能殺雞不成，自己反而被殺。姜太公之所以能夠殺掉狂橘，根基在於：周朝初定，已經沒有商紂從中作梗。如果在滅商之前殺掉狂橘，那麼，不僅會嚇掉猴子（其他賢人），還會讓猴子跑到另一邊，推翻自己的政權。

職場上，選對殺雞的時機很重要，時機不夠，自己的地位不穩，那麼殺雞不成，反被猴子所滅。所以，孔明不殺關羽，不僅僅是關羽位置高，還因為自己的地位比較低，還不足以服眾。此時，孔明剛剛過了劉備的考核期。

第三，足以震懾猴子

如果殺雞時，猴子沒有看到，那麼，就沒有了殺雞的意義。所以，殺雞儆猴要讓猴子看到。比如，姜太公三次去請狂橘，就把天下賢人的眼睛吸引到狂橘身上，旁觀狂橘最後結果如何。而殺掉狂橘就足以引起重視。如果偷偷把狂橘殺掉自然不會「引人側目」，還會讓眾人以為殺雞只是殺雞，也許主人想吃雞肉，自然達不到恐嚇猴子的作用。

引導輿論的觀點很重要，只有大家都在關注，才能達到「恐嚇」效果。往往新領導上任後，都會頒布條例法令，引導眾人的眼睛，當某個人出現問題，就「被」落入「眾矢之的」。

第四，選對雞

當然，不是所有的「雞」都可以隨便殺，這隻「雞」至少要犯一點錯誤。從歷史來看，大多的「雞」都是飛到枝頭「想當」出頭鳥的，不懂得明哲保身。比如，在天下初定的時候，狂橘仍是自命清高，讓太公請了三次，依舊頑固不化。自然，就引起了太公的反感——一個小小狂橘都這樣，以後法令怎麼可能發布下去？於是就起了殺意。

職場權勢變化很快，走在新一代風波浪尖的人，總是被殺死在沙灘上。所以，如果不是真的追求名利，就得把自己隱藏起來。因為不管是好名聲還是壞名聲，都可能因「名」而死。

當殺雞儆猴結束後，達到了預期的效果，政策法令得以執行，前面的黑臉就變成了後面的紅臉，寬宏大度等等舉措也就應運而生。「不以霹靂手段，怎顯菩薩心腸」，這樣前期震懾了猴子，後期籠絡了猴子。當然，地位更為穩固。

得失之間，各類人馬紛紛變臉

人們的眼裡，成功者很少會受指責，一旦成功，各種言行就被「合理化」，並且，擁有了立法權。而相反的，失敗一方，言行也就是「不合理化」，自然也就失去了發言權。往往，成功就意味著當權，擁有公共宣傳、歷史編撰的自由，而失敗意味著貶損，失去申辯的機會。

有個笑話說，一考生遇到考題——《論項羽拿破崙》，書生成竹在胸，提筆寫道：「項羽乃一勇士爾，力能舉千斤之鼎，況區區破輪乎？……」在書生來看，項羽只是一個勇士，卻不懂權謀，尤其沒有駕馭他人心機。

歷史上的項羽具體如何，是不能定論的。但是，在歷史上，同樣面對出巡秦始皇的車架，劉邦和項羽的態度卻是不同的，劉邦嘆道：「嗟乎，大丈夫當如此也！」而項羽說：「彼可取而代也！」當劉邦還在羨慕秦始皇的時候，項羽已經拍馬而去，建功立業，成為西楚霸王。時過境遷，昔日的楚霸王成為漢高祖的敗將，真正撰寫歷史的就是成功者劉邦，即使項羽曾經也是英雄。

柳亞子在《題太平天國戰史》詩中說：「成王敗寇漫相呼，直筆何人縱董狐。」成者為王；敗者為寇。王和寇，在戰爭中沒有什麼區別，區別的是，戰爭後——

在人們的眼裡，成功者很少會受指責，一旦成功，各種言行就被「合理化」，並且，擁有了立法權。而相反的，失敗一方，言行也就是「不合理化」，自然也就失去了發言權。往往，成功就意味著當權，擁有公共宣傳、歷史編撰的自由，而失敗意味著貶損，失去申辯的機會。

所以從某種程度上說，二十四史不過是得勝皇家的歷史，是為王為寇的權謀史。

中國幾千年來就有「成王敗寇」的底蘊，中國文化也是傾向如此，所謂「富在深山有遠親」，而窮在身邊也可以成為路人甲。職場更是得失之間，各類人馬的紛紛變臉。得勢的時候，八竿子打不著的人也會滿臉堆笑，而失勢時，則人走茶涼，門可羅雀。

所以歷史上，很多人在頂峰時候就急流勇退，比如，孫武和范蠡的辭職。在顛峰的時候走，遠遠比失勢的時候走要風光得多。

旁觀者越多越見死不救

一九六四年三月十三日夜，一位叫珍諾維斯的年輕女子回家遇刺身亡。在路上，她就遭遇了凶手。當她喊「救命！救命！」時，人們開了電燈、打開窗戶，凶手被嚇跑。當她回家後，凶手竟又出現，並將其殺害。這個過程中，她的鄰居至少三十人都看到了。但是，卻無一人救她，甚至沒有一個人打電話報警！

當「見義勇為」責任分擔到多個人身上，責任就輕了。責任只剩些許，自然也就沒有了責任，由此集體冷漠就出現了。相對社會單純的「責任分散」，職場還要摻進更多權謀的成分。兩個人相互爭鬥，冷眼旁觀不僅僅是責任的分散效應，還是職場生存的必然。否則，一不小心引火焚身，非但不能幫助其中之一，自己還會被拉下馬。

職場是心機和權謀的戰場。遇到爭鬥的雙方，真正的作壁上觀只是一部分人的做法，稍有心機的人就會隔岸觀火。當雙方發生衝突時，冷眼旁觀，雙方受損之後趁火打擊，坐收漁翁之利。

官渡之戰後，袁紹兵敗身亡。為了徹底滅掉袁紹勢力，曹操繼續追擊袁紹兒子袁尚、袁熙兄弟。兩兄弟被迫投奔烏桓，很快，烏桓被曹操攻破。兩個人投奔遼東，此時遼東太守為公孫康。眾將請命，希望一舉攻破遼東，誅殺二袁。曹操卻停止進攻，班師回許都。

不久，公孫康派人將二袁的首級送到曹操大營。

原來，袁紹一直都有奪取遼東的野心。袁紹兵敗，袁尚、袁熙無處存身，不得已投奔遼東。公孫康思慮再三：其一，收留二袁，必有後患，並且還會得罪曹操。其二，不收留二袁，如果曹操進攻遼東，那麼，自己又沒有力量抗曹，最後決定收留二袁共抵曹操大軍。

但是，很快傳來曹操率師回許都的消息，公孫康認為曹操沒有進軍遼東的野心，於是，召見二袁，擒獲後割下首級。

曹操隔岸觀火，不費一兵一卒，誅殺了二袁。當然，曹操也沒有進一步進攻遼東，公孫康死後，其弟公孫恭襲爵。在這場博弈中，兩個人的利益都得到最大化。

職場權謀中，每個人都在眾多的關係中博弈。當某個人受困、落馬，相對隔岸觀火的人，「見死不救」還算是「純善」。因為更多的人會選擇落井下石。從二袁、曹操和公孫康的博弈中，除了走投無路的二袁外，曹操和公孫康都選擇的都是隔岸觀火，落井下石，互為利好。而真正落魄者，二袁則是最大的輸家，跑到了對方的袋子裡。

當然，不是所有的隔岸觀火都是有效的。權謀，一環套一環，螳螂捕蟬，黃雀在後。隔岸觀火沒有跑遠，而引火焚身的人也大有人在。所以，想要隔岸觀火，還要具備下面三個條件：

第一，利益。

《孫子兵法》中，孫子說：「非利不動。」隔岸觀火不是看熱鬧，而是以取勝為基礎，以利益為目的。沒有利益的就不是真正意義的隔岸觀火。

第二，時機。

只有時刻注意「火」的動態，才能選擇適當時機出擊。否則，就會引火焚身。曹操之所以班師回許都，就是為誅殺二袁創造時機。否則，當曹操進軍遼東，公孫康自然會和二袁聯手共同抗曹，曹操非但殺不了二袁，反而還會招來戰火。

第三，自相殘殺後，再從中牟利。

赤壁大戰之後曹操兵敗，劉備和孫權都有意一統荊州。孔明和周瑜約好，周瑜攻打荊州中的南郡，而荊州即為東吳所有。曹操北上後，留曹仁在南郡，周瑜在攻城中費盡心機，自己還被毒箭所中。結果，城池攻破，趙雲卻在南郡城樓上，大呼：「多謝都督！」

孔明借周瑜和曹仁廝殺之機，命趙雲奪城，而不是在最初和周瑜就爭奪南郡，消除了周瑜誅殺劉備的意念。

職場是講究權謀的，當然，不是所有的人都喜歡爭權奪勢。但是，職場爭鬥沒有一個人可以置身世外，所以，在幫助別人落難時，也要懂得最大化的保護自己。

做的越多，錯的越多

做的越多的人，犯錯的機率就越高，最後，吃力不討好。而少做或者不做，卻因為不犯錯誤或者少犯錯誤，而得到主管的青睞。

《三國志》注引《江表傳》描述蔣幹——「有儀容，以才辯見稱，獨步江、淮之間，莫與為對」。但是在《三國演義》中，蔣幹卻成為「成事不足敗事有餘」的跳梁小丑。

當曹操得知孫劉準備聯盟時，派蔣幹過江東說服周瑜投降。當時，周瑜正擔心，蔡瑁和張允幫助曹操訓練水軍。於是，將計就計，與蔣幹和眾將士喝酒唱歌，然後佯裝大醉，大聲唱歌，「丈夫處世兮立功名，立功名兮慰平生，慰平生兮吾將醉，吾將醉兮發狂吟！」而後兩人同宿大帳。

半夜有軍士送密信，說：「蔡瑁、張允來信了。」於是就有了蔣幹盜信，呈遞曹操，曹操看信後一怒之下，殺掉了蔡瑁、張允，但是，怒氣消除就意識到是周瑜的離間計做崇。後悔不已，但是又不能說出武斷誤殺兩人，於是忍耐之下，對等著邀功的蔣幹大為惱火。蔣幹莫名其妙。

而後，蔣幹再次回到東吳，「偶遇」鳳雛龐統，將龐統引見給曹操，曹操正為訓練水軍焦頭亂額，於是就有了鐵鎖千船，為火攻戰船做了鋪墊。

當然，真正的歷史蔣幹到底是什麼人，並不值得關注，在此，值得關注的是像蔣幹一樣的人，雖然做了不少事情，卻做的越多，錯的越多。當然，因為錯誤，自然得到上司的「憤恨」，恨不得殺之後快！

其實，不管做什麼事，一個人犯錯可以分為三種——

第一，因為經驗不足犯錯；

第二，因為能力不夠犯錯；

第三，因為道德問題犯錯。

顯然蔣幹因為經驗和能力而犯錯。蔣幹去江東說服周瑜，本身就是一件錯事。作為周瑜的同窗，就應該瞭解周瑜的個性，怎麼可能因為自己的幾句話而放棄初衷？而在東吳為什麼會這麼多巧合的好事情發生在自己身上？結果，稱為東吳探路的棋子一步步引上曹操這條大魚。

職場上，怎麼做事，做什麼事很關鍵。具體來說，在職場上如何處事呢？

在機遇面前，能力、經驗很重要

去做事最關鍵的是自己位置、自己能力和經驗。如果沒有足夠的經驗和足夠的能力就不要強出頭，玩不成任務就會成為上司眼中「成事不足敗事有餘」的人。即使，以後有任務再也輪不到自己身上，何況是提升呢？

雖然，展現自己能力的機遇轉瞬即逝。但是，不要因為機會而強出頭。在三國中，蔣幹是個小人物，根本沒有足夠的心機和周瑜、龐統來鬥智，強出頭，最後的結果，只是讓曹操憤恨。

強出頭，只能讓自己腦袋不保

當然，職場上有些事，即使有能力也不能強出頭。因為做得越多的人，犯錯的機率就越高，而自己過多的占用其他人的「機會」，那麼，就會引來他人的妒忌和反感，最後，不僅在上司那裡吃力不討好，還會引起同事的遠離。

重複做無意義的事情，只能留下愚蠢的印象

避免做無意義的事情，有些事情可做可不做，那麼，就不要去做。因為這些無意義的事情，不會引來上級的好感，但是，卻讓上級有「這個人只能做這樣事情」的意識。所以，爭取做大事，而這個大事又是你肯定能完成的。**總結來說，不管你做什麼事情，帶給上級辦事印象應該是——能完成高難度任務，同時又是忠心耿耿、憨厚老實的。**

這樣，你就擁有足夠的本分——人品，以及可用的能力——價值，兩大認可要點，被上司提升也就指日可待了。

凡事請示，有亂必亡

印加帝國一度是南美霸主。它的經濟、政治、生活完全處於統治者的嚴格控制下，即使一件小事也要請示最高當局。當西班牙皮薩羅率領不到二百人的小分隊攻擊這個國家時，足足擁有二十萬軍隊的印加帝國就因為層層請示，遭受亡國命運。

凡事請示，有亂必亡。權力下放不僅僅是執政需要，還是馭人的需要。當權力集中，責任和問題也就集中，自然，在位者事必躬親，忙碌不已，但是問題卻不會完好的解決。

杜甫在《丞相祠》說孔明：「出師未捷身先死，長使英雄淚滿襟」。相對司馬懿的多疑，孔明的謹慎更是毀掉了整個蜀漢的前程。劉備託孤，除了孔明還有另外一位大臣——李嚴，但是，劉備去世不久，李嚴就被孔明擠出了權力中心。

而後在劉備去世後，從西元二二三到西元二三四年之間，十多年中，蜀漢大權一直為孔明掌握。為了蜀漢基業，孔明五次北伐曹魏，但是，當孔明去世後，蜀漢竟然卻面臨無人可用的尷尬境地。而劉備在位期間，蜀漢可謂是人才輩出，各得其所。

原因很簡單：因為孔明的謹慎，不敢下放大權，自然，也就不需要掌管權力的人才。而在幾次討伐過程中，孔明僅僅得到一名所謂的人才──姜維。作為一名儒將，姜維並沒有孔明的才智。結果，孔明去世不久，魏國進攻蜀漢，不久就失敗滅國了。

沒有權力，也就沒有責任，自然就沒有在位的人才，當他人進逼的時候也就處於被動狀態。當消息層層上報後，等待審批中，就被滅了。

官場的凶險讓更多的人多疑，由此也就有了專權。當專權成為官場生存的「格式」，離被滅也就不遠了。自己的屬下，因為沒有「前景」而另謀出路，而在位者自然事事躬親，焦頭爛額，不知輕重的處事，就會得罪別人險象環生。**所以，多疑並不能將大權牢牢把握在自己手中，專權，就意味著封死自己的出路。**

現在，我們來看看，專權有什麼特點──

第一，屬下不斷的請示

如果你的屬下為了雞毛蒜皮的都來請示你，那麼就表示，你沒有放權，大事小事，只有你一個人說了算。當然有些下屬為了逃避責任，總是不斷請示，那麼就要告誡他，不要逃避責任，放開手腳。

只有屬下能夠自己做決策的時候，你才能避免被雞毛蒜皮的小事打擾，才能專心致志的做「大事」。

第二，緊急時候，有沒有可用之人代你行權

試想突發事件出現，你又不能去處理事務，那麼，誰可以代你執行。並且，這個人還可以把問題處理到你想要的程度？

如果沒有人，那麼，你就是專權的。

第三，屬下另謀出路

如果你總是留不住人，那麼，就意味著你的權力分割有問題。除了感情挽留人才，古代君王還總是用提升、賞賜來犒賞自己的屬下。如果你的下屬，看到自己沒有前途，再多的感情和賞賜可能也是虛的。

一個不稱職的職場人員有三條路可走

一個不稱職的職場人員，大概有這三條出路。

第一，申請退職，讓賢；

第二，找賢人協助自己；

第三，找兩個水準比自己更低的人當助手。

趙匡胤陳橋兵變黃袍加身後，做起了宋朝的開國皇帝。但是，雖然皇權在握，趙匡胤並不感到安全。半路奪權的他總是害怕自己的大將也來個陳橋兵變。於是，在趙普的建議下，杯酒釋兵權，把將領的兵權全部收歸中央。

因為對武官的忌憚，宋朝開始兵權改革，任命文臣擔當軍隊的主帥。另外，每幾年進行職場人員的調配，兵將剝離，打破了原有兵不離將，將不離兵的軍隊體制。結果，宋朝雖然兵士眾多，卻因為兵將分離，戰鬥力削弱。

為了鞏固中央政治，大批職場人員坐在同一個位置上，互相掣肘，結果，職場人員雖多，卻毫無作為，而部隊兵士不斷增多，費用不斷增加。當金和蒙古大軍南下時，朝中雖然人數眾多，卻毫無可用之師，亦沒有可用之將。自然，滅亡不久而至，而隨著北宋的滅亡，從皇帝到臣子，全部落馬。

這就是中國歷史出現的「帕金森定律」，雖然是為了鞏固皇權，卻讓皇權走上「黃泉」。「帕金森定律」是英國學者C.N.帕金森提出的，關於此，他在著作《帕金森定律》提到這樣的一個職場現象——

一個不稱職的職場人員，大概有這三條出路。

第一，申請退職，讓賢；

第二，找賢人協助自己；

第三，找兩個水準比自己更低的人當助手。

當然，職場裡混的人真正像鮑叔牙是少見的，可以把超越自己才華的管仲引見給上司。更多的人則是像龐涓和李斯，都是享受權力的「美妙」之後，面對賢人就擁有了權力的危機感，就會不擇手段陷害污蔑其他賢人，生怕自己的地位被動搖。所以，在職場上，第一條和第二條出路多是行不通的。

相對來說，第三條就顯得可行。第一，水準比自己低的人，不會影響自己的地位，第二，平庸也能滿足自己的「智慧超群」的慾望。自然，上行下效，無能的助手，就會找更無能的助手來幫助自己。

當然，相對賢人來說，平庸的人職場權力危機感要更為嚴重，所以，才會更嚴酷的把權力收集到自己手上。正是因為趙匡胤沒有辦法阻止別人「黃袍加身」，所以，才會最大程度的集權，結果造成了整個皇朝體系的臃腫。

總結來說，一個平庸的人，雖然選擇兩個甚至更多的人當助手，但並不是委以重任，而是選擇提供消息的耳目，但是，最終的決定權仍是自己，即使雞毛蒜皮的小事也去過問。當然，這也是助手能力平庸所造成的，沒有辦法為自己分憂。

這樣下來，本來一個位置一個人就能完成的任務，就要浪費多個人來執行。自然，執行效果也是差強人意。當一個位置擁有三個甚至四個人來坐的時候，就出現了互相扯皮、人浮於事的現象。整個體系下來，雖然人數不斷增加，但是效率卻極其低下。當平庸的人霸占組織，有才能的賢人，因為排擠、汙穢而被放逐遠走。

當然，這樣的體系不可能會完成什麼大任務，遇到問題，眾人多是推諉相互指責。等到真正徹查之時，隨著頂端平庸的大人物倒塌，整個體系也就轟然倒塌。

職場魚龍混雜，平庸的上級也在其中。所以，千萬睜開雙眼，看清誰才是讓你可以發展的上級，不要站在平庸人之後，否則，即使你有才華，也要藏著，並且沒有任何業績可言。當上司倒下，你也只能因為「平庸」而徹底平庸下去。

第五章　怎樣做才能成為「職場不倒翁」

馮道是個職場老手。作為唐宋之間五代亂世的一名大臣，歷經五朝，換了十一位君主。朝朝為公卿，三次拜相，相位長達二十餘年。死後被追封為「瀛王」。所以，變動中也有不動。當職場人事變動，主管變了，你應該怎麼變，怎樣做才能成為「職場不倒翁」？

應該說的東西還是少說一點

說得越多，漏洞越多，也就越顯得傻乎乎。有權的人，總是經由少說來加深別人的印象。哪怕平凡的東西，因為少說，或者模糊說，都會給別人更深刻的印象。

明代郭子章的《諧語》中，有這樣一個小故事：

黃雀、蚊子，蒼蠅在河岸柳蔭下談論自己的生活樂事。

首先說話的是黃雀：「七月新涼，五穀登場，主人未食，我已先嚐。」接著，蒼蠅說：「王孫一彈打來，如何商量？」黃雀答：「人為財死，鳥為食亡。」

蚊子聽罷，也很是得意：「幽閨深院度春風，黃昏寂寂無人蹤，紅羅帳裡佳人睡，被我偷來一點紅。」

本來，河邊的鱉沒有參加討論，但是，聽了蚊子的話，身心難耐，也爬上岸來插嘴：「佳人春睡乍醒，打你一拳，如何計較？」蚊子答：「牡丹花下死，做鬼也風流。」

說話間一路人過來。討論停止，有翅膀的三隻動物舉翅飛走，但鱉卻因為行動緩慢被路人捉住。當鱉被放入油鍋炸，成為下酒菜時，很是後悔，嘆道：「是非只因開口多，煩惱皆因強出頭。」

這個小故事寫得很有情趣，寓意頗深。概括八個字就是——慎言慎行，禍從口出。按話語權來說，職權越大，話語權也就越高，也更加「一言九鼎」，說話危險係數也就相對降低。所以，同樣是論述一件事情，就像上面的黃雀、蚊子和蒼蠅，可以隨便說，沒有任何性命危險，但是，鱉的一句話，就丟掉了自己的小命。

因為，鱉的能力還不足以自保，說得越多，漏洞越多，也就越顯得傻乎乎，當然，也就因為「口誤」失掉前程。

做君子，說話需要「一言既出，駟馬難追」。職場裡混，少說話。幾千年的古代政治史中，很多人都知道，「說話」是個勞心費神的事情。每個王朝總是有幾個勇於納諫、忠肝義膽的人，但是，遇到了昏君，非但沒有說服上級，反而被毫無意義的送掉了性命。而那些在後面「中庸」處事的人，卻躲過刀鋒，安享到晚年。於是，在忠奸之間，職場生存就慢慢演化為一種「學問和謀慮」，而少說話、晚說話、說糊塗話，就成為古代職場的特色。

曹振鏞是歷經乾隆、嘉慶、道光的三朝大學士。雖然在位期間沒有做出什麼值得稱道的業績，但是，卻備受恩寵，死後還獲得了「文正」的謚號，後來還入了賢良祠。這樣的高位和殊榮，按他自己的話說：「無他，但多磕頭，少說話耳！」

特殊的時代有特殊的政治。清末的政治就是「中庸自保」。但是，無論任何時代，一個沒有政績的領導者都是可恥的。而仕途能不能安享，和權謀和政績都是十分密切的。權謀可以保護自己的政績不被別人盜走，而政績可以保護自己不被輕易地打倒。而權謀表達最明顯的方式，就是怎麼說話、說什麼。

古代，皇帝的話，可以隨便說，因為他不會因為自己說什麼而被砍頭。但是，皇帝的話卻是「命令」，說錯一句話，可能讓百姓受苦，良臣蒙冤。所以，皇帝說話雖然沒有性命之憂，卻有責任之憂。而大臣則是自保，在保證自己存在的前提下，進諫說話，唯恐一句說錯，掉到了老虎嘴裡。

所以，不管地位如何，都要儘量少說話，而多說就會陷入下面三個境地——

第一，多言得罪人。多說話的人，大多性格外向，說話狂放不羈，隨心所欲，不小心，就會傷及他人。

第二，多言易傲。說得越多，表示一個人內心越狂傲。為了替自己掙面子，說話時，總是有大話而出，吹牛皮，以為自己了不起。這樣的人，只要相處時間一長，就會為人所知，不會多交。

第三，多言不誠。說話越多，觀點也就表露越多。當然，觀點總是有限的，所以，當有限的觀點表達完，為了滿足說話慾望，就有了杜撰。一個不誠的人，怎麼值得同事和上級的信任呢？！

職場裡混，講究內斂謹慎，口舌之爭沒有任何意義。相對底層的職場人員來說，上層會掌握更多機密。為了避免別人從自己嘴裡得出「資訊」，所以，越到高層，說話也就越少，而糊塗話也就越多。當然，一些有權的人，還會經由少說來加深別人的印象。哪怕平凡的東西，因為少說，或者模糊說，都會給別人更深刻的印象，至於說話的具體意思就讓別人猜去了。

而對沒有掌握機密的「小職員」來說，少說話還是至關重要的。否則，就可能成為另一隻「鱉」，只有自己被當做下酒菜的時候，才明白自己錯在哪裡。

另外，職場說話，不同人有不同的說話方式。小職員有小職員的說話方式，大老闆有大老闆的話語選擇，而你坐在什麼位置上，還要掂量一下自己怎麼說話，用什麼方式。

依靠別人時，也要讓別人依靠你

職場生存要「借人之威，成己之實」。單打獨鬥，會受人排擠。背後有「山」會讓一個人前程暢通不少。在自己有靠山的時候，還要成為別人的靠山，只有這樣，在用人時，才不會「無人可用」，事事受人牽制。

戰國策講到這樣一件事：

荊宣王（楚國國君楚宣王）聽說北方諸侯都害怕楚令尹昭奚恤，問大臣為什麼會這樣。群臣都不知道如何回答。

大臣江乙站出來為荊宣王講了個故事。一隻飢餓的老虎捉到了一隻狐狸，正要吃狐狸的時候，狐狸說：「你不敢吃我，因為天帝派我做百獸之王，如果你吃了我，就違背了天帝的命令。」老虎有些疑惑，而狐狸趁勢建議老虎跟在自己身後，巡查百獸。果然，百獸見到跟在狐狸後面的老虎，都紛紛跑掉了。

江乙對宣王說：北方諸侯害怕的不是楚令尹昭奚恤，而是害怕大王。大王擁有地方五千里，兵甲百萬，而這些軍政大權都在昭奚恤控制之下，所以，北方諸侯才會害怕他。其實，他們真正害怕的正是大王。

現在江乙為宣王講狐假虎威的故事，已經家喻戶曉了。不過，權術之爭，卻並沒有因為時間久遠而改變。為了保證能夠讓自己順利攀升，借助老虎的聲勢也成為很多人升職的手段。歷經清末官宦生涯的曾國藩總結說：「借人之威，成己之實」。

權力場，沒有背景的人，往往會被孤立。單打獨鬥，會受人排擠。背後有「山」會讓一個人前程暢通不少。所以，很多人都在不斷的尋找自己的背景，只要有了靠山，自己的位置才能坐穩。

當然，這也包括歷代第一官——皇帝。不管是皇帝位置多麼穩固，為了保險起見，更多的皇帝在選擇終身伴侶時，都是朝中重臣之女，而在選擇重臣之女的時候，還要平衡各個大臣之間的權力關係。可以說，皇后之選遠遠不是結婚這麼簡單，而是整個朝廷權勢的重新劃分和平衡。

康熙在選擇皇后的時候，孝莊先剔除了鼇拜的女兒（因為鼇拜權勢過大），又剔除了遏必隆的女兒（因為遏必隆是個兩面派），最後選定索尼的孫女——孝誠仁皇后，這樣就得到了顧命大臣之首——索尼的力量。後來，果然索尼一家為穩定康熙政權立下不小功勞，而孝誠仁皇后也得到了康熙的寵愛。

和索尼的孫女結婚，不僅僅讓年幼的康熙得到了索尼家族的力量，而索尼家族也因為成為「皇親國戚」更加努力的為康熙賣命。因為康熙倒了，索尼一家也就陷入了被誅族的危險。可以說，在有自己靠山的時候，還要成為別人的靠山，只有這樣，在用人時，才不會「無人可用」，事事受人牽制。

當然，相對皇帝找靠山來說，普通職場人員找靠山要更難一些，而當自己成為別人靠山的時候也更是需要把握和衡量。

找靠山，需要冷灶燒香

找靠山的聰明方法是冷灶燒香。在別人還沒有顯赫的時候就親密結交，這樣當別人顯赫起來的時候，自己再去依靠，就不會給人以「諂媚」之感。而有些事情即使自己不去說，別人也會鼎力相助。當然，這還是很需要有觀察人的技術，否則，一個忘恩負義的人，即使他顯赫起來，不管你原來怎麼燒香，還是不管用。

成為別人的靠山，需要善於察人

不是每個人都值得讓你結交，因為成為別人的靠山，你就可能成為狐狸背後的老虎，狐狸非但不會感謝你的「靠山」作用，反而可能會「扮豬吃老虎」，把你打倒。另外，一個不中用的「下屬」，可能會讓你丟臉，讓你陷入是非之中，甚至你還可能因為他，而中斷仕途。明朱元璋在位期間，宰相李善長五十多歲就看透職場告老還鄉，但是，因為自己提拔上來的胡惟庸擅權專用，被朱元璋滅門，雖然當時李善長沒有被朱元璋所滅，但是，二十多年後，李善長還是以「胡黨」的罪名而被殺掉。

所以，成為別人的靠山，察人是第一位。

級。

瞭解上司的喜好，讓他成為你的喜好

上司喜歡喝茶，不久，辦公室裡的人，也開始喜歡喝茶，於是，茶室飄香；上司喜歡下棋，不久，辦公室裡的人也開始喜歡下棋，於是，段位分明，從不會越

清代禮帽有兩種：涼帽和暖帽。禮帽要從上到下同日更換。當乾隆爺七十多歲的時候，身體大不如從前。一次，他從熱河回京，有些冷，於是就換上暖帽，大臣紛紛效仿。過了幾天，天氣暖了起來，乾隆又換上涼帽。大臣又忙著換帽子。乾隆看到很是詫異，為什麼大臣這麼換來換去。仔細一想，苦笑道：「原來是朕老了。」

雖然皇帝是老了把帽子換來換去，但是大臣並沒有老，滿廷大臣沒有一個發出異聲，仍跟著皇帝換來換去。為什麼會這樣？

我們先從人的本性上來說。不管什麼人總是在尋找與自己接近的人，暫且稱之為「知

音情結」。古人中庸話叫「物以類聚，人以群分」，貶義則稱「近朱者赤，近墨者黑」、「狐朋狗友」；褒義則是「管鮑之情」、「伯牙子期『高山流水』覓知音」。

職場是人性密集的結合場，雖然「道不同不相為謀」，但是，當利益、權力和人性相結合，就有了不同程度的妥協。尤其，在上下級關係上，為了保持組織「一致性」，就有了不同與上司的趨同性——

上司喜歡喝茶，不久，辦公室裡的人，也開始喜歡喝茶，於是，茶室飄香；

上司喜歡下棋，不久，辦公室裡的人也開始喜歡下棋，於是，段位分明，從不會越級。

投其所好，從來都是職場不成文的規定。看看古代最大的官——皇帝的喜好和當時的流行就可以知曉了。紂王奢侈異常，所以，朝堂流行奢靡之風；曹操喜歡歌賦，所以曹操在位期間，文人歌賦相當輝煌；五代皇帝喜歡禮佛，所以，禮佛的官員很是「猖獗」，好處是，有了文明歷史的敦煌千佛洞。

如果這個第一大主管喜歡的比較「正」，那麼，朝中忠臣就輕鬆的多，不用時時刻刻的進諫規勸皇帝；而皇帝習慣的是負面的，那麼，不懂得迂迴的忠臣往往會被佞臣陷害。

大多佞臣相對忠臣都是更懂得「投其所好」，這也是為什麼當一個皇帝有了某種偏好，即使這個偏好看起來並不影響江山社稷，但是，還是因此而得到「昏君」的臭名。因為佞臣會趁著和皇帝「臭味相投」的時候，上奏國家大事，而皇帝「聚精會神」在偏好上的時候，往往都會口頭認可，於是，「一言九鼎」的「口諭」就成為佞臣的尚方寶劍。

當然，現代職場少了「一言九鼎」，上下級之間也不是「君臣」的關係。所以，投其所好，並不像古代職場那樣明顯，但是，和上司保持風格一致，在工作上，還是有些必要的。

不同上司的處事風格，喜好都是不同的。如果你的上司是保守派，那麼，時髦的打扮、流行的口頭禪，就是他忌諱的，而循規蹈矩的形象才可能被上司認可。如果你的上司是不拘小節的，那麼，你過於嚴謹、斤斤計較的風格就會被排斥。

為什麼會這樣？

有過合作經驗的人都知道，和風格相似的人在一起工作，要省力很多。因為自己沒有想到的下屬則會想到，而自己想到的，他可能會做的更好。相反的，如果風格迴異，那麼，自己可能要花費更多的時間和精力交代問題，即使這樣，對方也不能做到自己滿意。

所以，親近和自己相似的人，不僅是上級決定的，還是工作本身決定的。因為和風格相似的人在一起工作，更有效率，也更有成就感。

當然，除了工作外，有相同的喜好，會加深雙方的感情，也有利於自己更加瞭解對方。如果你的上司喜歡下棋，而你是個下棋的白癡，兩個人在一起，就沒有什麼共同話語，也就沒有「惺惺相惜」地感覺。

相反的，如果你也是段位高手，那麼對陣切磋的候，就會得到上司的好感，而自己的優點和才能也就會慢慢被上司發現，甚至，在交流中，你還能從上司那裡得到一些對自己有利的消息。

總結來說，對待上司投其所好，不僅僅是拍馬屁。在外，有工作合作的需要；在內，有心靈相惜的「知音」情結作用。如果你不是大名鼎鼎，就要投其所好，和上司接近，相知、相識，進而發現你的優點。否則，你的迴異風格只能讓你成為他的「絕緣」下級，那又何談重用、發揮才能呢？

其實，良好的上下級，是亦師亦友的，你可以從上級那裡學習到如何工作，也能在交流中，感受「心靈相吸」，即使這是你刻意為之的，也有可能你會喜歡上他的愛好，甚至使得這個愛好成為你的愛好。

當然，無論怎樣和上司保持趨同性，都不要丟掉自己的本身而去諂媚。聰明的上司從來不會厚待諂媚的下屬。

新主管不是沒有架子，他的架子在後面

新上任的主管很多都是：笑容可掬，親切有加。但是他們並不是真正的平易近人，樂於接觸群眾，只是因為時間未到。時間一長，他們架子就會擺起來，官腔十足。

《韓非子．喻老》記載了楚莊王「不鳴則已一鳴驚人」的事——

少年繼位時，楚莊王面臨朝政混亂的狀態。為了穩住大局，他表面上不理政事，而是飲酒作樂，胡作非為，並且不聽賢臣進諫。

右司馬御座，用暗喻問楚莊王：「有一隻鳥，落在南邊的土山上，三年來，從不展翅騰飛，也從來不叫不鳴，這是一隻什麼樣的鳥？」莊王說：「不展翅，是為了長羽翼，而不飛不鳴，是為了觀察民眾。這隻鳥雖然從來沒有展翅，但是一飛則沖天，雖然沒有鳴叫，但是一鳴則驚人。」不久，楚莊王看到時機成熟，快速果斷的整治朝綱，大批賢人和能人被引進朝堂，例如蘇從、伍參、孫叔敖、子重等等，而奸臣和小人則被罷黜。在楚莊

王的帶領下，楚國日漸強盛，先後滅掉周圍小國，問鼎周王朝，成為春秋五霸之一。

當然，現代職場，一個職員不可能隱忍三年，再去有所作為，時間不等人，幾年一換的機制不允許過長時間的等待。但是，這並不影響一個新主管上任時，把自己暫時的潛伏起來，以觀部門時局。於是就出現了這樣的上級——

一個滿臉溫和的上級經歷最初的溫和後，竟然變得殺伐果斷，毫不留情的處事和工作作風。

一個雷厲風行不苟言笑的冷面羅剎，燒了幾把火之後，變得極易相處起來。

一個笑容可掬，親切有加的主管，新上任，面對群眾親近異常，噓寒問暖。但是，時間一長，你就發現他並不是真正的平易近人，只是因為時間未到而已。當局勢穩定，他們架子就會擺起來，官腔十足。

不管怎麼說，當一個新上司上任，千萬不要懈怠，最初的工作作風不代表他以後也是這樣。具體來說，你可以這樣做——

工作，永遠不落伍

工作業績永遠是自己被認可和接納的法寶。盡忠職守不管在過去還是現在都是必不可少的。不管你的新上司是笑面虎，還是冷面羅剎，盡職盡責永遠是正確的。當然，在此避免因為自己因業績斐然，招來上司的忌憚。面對新上級，誰都想引起上司的注意，成為上司身邊的紅人。所以，在同一時間，你能否勝出就至關重要了。因為當上新上級的左右手，就很難再有人進入他的法眼了。由此可見，主動出擊，展示自己，就很重要，當然，展示自己的程度要把握好，既不能過火，讓上級認為你諂媚，也不能冷淡，讓上級以為你不合作，只圖安逸。

察言觀色，診斷上級

即使處於潛伏狀態，上司還是會表現出自己的工作作風。所以，從日常的做事喜好，表情行為也可以一窺上級。可以說，善於察言觀色是職場的生存之道。值得注意的是，在和上級交流時，除非上級問道「過去如何」，自己不要用這個字眼，這會讓他感覺你不臣服，讓他沒面子下不了臺。

把握大局，先君憂而憂

不管什麼樣的人走上新崗位，都是希望穩定局面。人事調動，自然會帶來潮流暗湧。所以，你需要做的不是和新上級頂嘴，哪怕他的觀點有失誤，而是老實本分的工作，避免去當煽風點火的攪局人，也不要參與某些派別的爭鬥。

使用投降策略，經由交出權力傳遞弱點

《易經》說：潛龍勿用。不管一個人有多大的能力，當你只是弱者的時候，最佳的辦法是投降，為榮譽而戰只能鎩羽而歸。投降的好處是：可以保全自己，讓自己成長和恢復。當對方處於弱勢之後，就可以去征服他。對於弱者來說，投降是獲得權力的最佳方式。

歷史總是相似，在中國人感歎越王勾踐臥薪嚐膽，三千越甲可吞吳時，西方也在同樣上演著相似的歷史。這就是著名的——卡諾莎之行。

十一世紀的歐洲，皇權和教會的爭鬥十分激烈。西元一〇七五年，教皇額我略七世，頒布了《教皇敕令》二十七條——

敕令宣稱：教皇權力至上，擁有廢棄皇帝的權力。敕令還規定了只有教皇才能任免主教，而君主則沒有冊封的權力。

命令一經頒布，就引起了整個歐洲上層的混亂，尤其德意志君主（史稱神聖羅馬帝國皇帝）亨利四世反對更是異常激烈。在十一世紀的德國，主教和修道院長本身就擁有了過高的權力，已經威脅到皇權，所以，年僅二十三歲的亨利四世，聽到命令自然義憤填膺，立即宣布解除教會權力的命令。

不久，教皇額我略七世發布敕令，革除亨利四世教籍，罷免其掌控國家的權力，並且下達《絕罰令》解除德意志臣民對他的效忠誓約。因為教籍的解除，亨利四世的實力迅速被削弱，同時國內再次發生動亂。不久，帝國會議決定，如果亨利四世一年內所受的《絕罰令》未被解除，那麼，君主職權就要被廢除。

無奈之下，一〇七七年寒冬，亨利四世只好帶著妻兒從德國遠行至義大利北部的卡諾莎城堡，覲見教皇額我略七世。根據慣例，年輕的德皇只能赤足披氈（囚犯衣裝），站在寒冷的雪地上，懇請教皇接見。在雪地裡站了三天三夜，亨利四世才得到額我略七世的首肯覲見，並且額我略七世原諒了亨利四世。

受盡精神和肉體侮辱的亨利四世，重新掌握了德意志的政權，而這次覲見也使他贏得了更多人的同情，臣民們效忠激情不斷升級。很快，亨利四世在臣民幫助下，回國平定了內亂。兩年後，到了一〇八〇年，亨利四世在與額我略七世爭鬥更是激烈，最終以亨利取勝而終。曾經顯赫一時的額我略七世，遭到亨利的革職，被困於羅馬城。後來從城南逃跑，在顛沛流離的逃亡生涯中，客死義大利。

這就是著名的「卡諾莎之行」，在西方「卡諾莎之行」已經成為忍辱負重的代名詞。亨利以大丈夫能屈能伸的氣度笑到了最後。

《易經》說：潛龍勿用。不管一個人有多大的能力，當你只是弱者的時候，最佳的辦法是投降，為榮譽而戰只能鎩羽而歸。投降的好處是，可以保全自己，讓自己成長和恢復。當對方處於弱勢之後，就可以去征服他。對於弱者來說，投降是獲得權力的最佳方式。

至剛則易斷

至剛則易斷，職場，一個人過於剛強，不懂得屈伸，很快就會招來別人的打擊和報復。不懂得委曲求全，當自己只是雞蛋的時候，硬和石頭去碰，自然得到的結果就是徹底失敗。先生存，後發展，只有懂得屈才能在險境中求勝，也只有求生之後，才能有剛柔並進，躲過禍端。

三國中，看起來劉備是很「軟弱」，不斷的依附他人求生，但是，最終卻可以創建蜀漢政權。而項羽雖有驚人的武藝，卻自刎烏江，雖然風光一度成為西楚霸王，但是，最終卻浪費了整個江東子弟的才華和心血。

這就是剛則易斷的生存道理。

經由交出權力傳遞弱點

沒有任何一個「投降」的人仍然手握大權。勾踐去除國王的頭銜，到吳國為夫差當牛做馬，國內之事只交給大臣。而劉備隱忍多年，也很少手握重兵，無論依附任何人，並且表現出的都是「真摯降服」。正是「誠摯」的投降，他才能在各個諸侯的羽翼下生存。進而謀得進取。

所以，如果沒有實力去拿權力之劍，那麼，就把它放在心中，而實體的權力就讓別人去拿，自己避免了被猜忌和殺害的危險。最後，狐假虎威，伺機而動，最終吃掉老虎。

尋求幫助，要從對方的利益出發

如果你需要別人的幫助，不要總是說自己曾經幫助了他，這會讓對方厭煩。其實，不妨說一些好處給他。只有這樣，他才會對你提出的「幫助」熱烈回應。讓人幫你，也要雙贏。

一個牧場主人和獵戶是鄰居。他很是苦惱，因為他家的羊群總是被獵戶家凶猛的獵狗攻擊。牧場主人找到鄰居，希望鄰居把獵狗關好，雖然獵戶口頭答應，但是，沒有幾天，獵狗又跳到牧場裡咬傷小羊。

最後，牧場主人忍無可忍，直接找到鎮上的法官，希望法官能夠採取措施，禁止獵戶放出獵狗。法官聽完牧場主人的控訴說：「雖然我能處罰獵戶，讓他把狗鎖起來。但是，你和鄰居的關係，從此就破裂了，不但少了個朋友，還多了個敵人。他是你的鄰居，你希望他是朋友，還是敵人？」

「當然是朋友。」牧場主人說。

「那我給你出個主意。」法官對牧場主人交代了一番。

牧場主人高興的回家了，一到家，就挑了三隻可愛的小羊送給獵戶的兒子。孩子們看到後，非常高興，每天都和小羊玩耍嬉戲。為了避免獵狗攻擊小羊，獵戶就把狗關了起來。而此後，兩家成為了好友，獵戶時常會帶給牧場主人野味，而牧場主人也以羊肉和乳酪相贈。

鄰居尚且如此，需要一些利益作為補償，才能雙方高興。職場更是如此，如果你需要別人的幫助，不要總是說自己曾經幫助了他，這會讓對方厭煩，以為你在說他忘恩負義。其實，不妨給一些好處給他，這樣他對你提出的「幫助」，才能熱烈回應。

讓人幫你，更需雙贏。芒格說：「如果你要說服某人，以利害關係入手，不要解釋原因。」職場雖不是經濟場，但是，厲害關係往往是你說服對方的突破點。

張儀師從鬼谷子學習捭闔之術，出世後，歷盡千辛萬苦才投奔於燕昭王門下。很快，因為學識，他就成為燕昭王的上卿。

燕昭王繼位前，老燕王曾將王位讓位給大臣子之，引起太子平和動亂。而臨近的齊國趁機攻燕國，不到兩月就占領了燕國全境。所以，燕昭王雖然繼位，但卻沒有任何實力。

於是張儀出使齊國和齊宣王談判，希望宣王歸附占去的燕國土地。

「大王知道，燕昭王是秦惠文王的外孫，可以說，燕昭王的後盾就是整個強秦。大王占據了燕國，自然，秦國就會不滿。相反的，如果大王將占領的燕國十城交還燕國，那麼，燕秦都會感激大王，支援大王。屆時，大王以秦燕作為支持，號令天下。天下諸侯莫敢不從，齊國霸業指日可待！」

齊宣王聽後很是高興，歸還了燕國的土地。

很顯然，張儀採取的是「曲線救國」策略，分析占地對齊國的利害關係。他沒有說，齊國占領燕國國土，燕國和燕王會如何如何，而是從齊國分析出齊國占領燕國，就會遭到強秦的不滿。而歸還燕國的土地，非但可以和秦燕兩國相好結交，還能夠號令諸侯，霸業可成。自然，得到好處的齊宣王就迫不及待的歸還燕國的土地了。最後，兩國達到「雙贏」的結局。

想要說服對方完成某件事，讓對方明白自己從中得到的利益，遠遠比陳述自己的好處要有效的得多。因為權術本身就是利益和權力的爭奪。在讓別人獲得利益的同時，自己也就附帶成功了。

比如，你的上級要做某件錯事，而事情不但會影響上級的「前途」，而你也會深受影響，那麼，你就要勸阻上級避免去做這件事。你的說服方法，就要從上級的角度去分析，陳述對其前途的破壞性，而當上級認可你的意見，你也就順便保住了前途。相反的，如果，你只是就事論事，或者陳述對別人的影響，上級接受意見的可能性就會大大降低。

當然，利益和權力都是錯綜複雜糾結在一起的。上面實例中，雖然齊國歸還了燕國的土地，但是，燕國並沒有忘記齊國的仇恨。自然，面對齊國的號令群雄，燕昭王就會從中阻撓。所以，此後，燕昭王又派張儀採取離間計，破壞了齊秦的關係，同時唆使齊宣王攻宋，結果，齊國在攻打宋國後，實力驟降。

權力爭鬥的雙方，可以是一時的朋友，也可以是一時的敵人。你方唱罷我登場，換個角色和定位，就換了關係的性質。**不管怎麼樣，重點就是權力和利益。需要的是把握重點，這樣，既能說服比人，也能避免自己被人假意說服。**

第六章　如何增加你的威望

如果你是一名職場領導者，越常被人們看到和聽到，你就顯得越普通。如果你已經在一個隊伍中建立自己的地位，暫時退出一下，這會讓你成為人們談論的話題，而且獲得更多的尊重。你必須學會在什麼時候應該離開，從畏懼中增加你的價值。

用缺席來增加自己的威望

如果你是一名職場領導者，越常被人們看到和聽到，你就顯得越普通。如果你已經在一個隊伍中建立自己的地位，暫時退出一下，這會讓你成為人們談論的話題，而且獲得更多的尊重。你必須學會在什麼時候應該離開，從畏懼中增加你的價值。

作家海明威，談到自己寫作的經驗中這樣說：「我總是試圖根據冰山的原理去寫它。」「冰山在海裡移動是很莊嚴宏偉，這是因為它只有八分之一露出水面。」

雖然職場生存不是寫作，但是，顯露在外面的往往都是小角色，而真正的大角色往往是潛在背後很少露面。當然，只要露面，就表示他要做或者正在進行的事務是很重要的。相反的，小角色早就露面，為大人物的出場做一系列的鋪墊。

看《三國演義》三顧茅廬一篇，劉備請諸葛亮出山，很是費了一番力氣。

徐庶被曹操設計前往許都，臨走之前告訴劉備，南陽諸葛孔明有治世之才。劉備於是準備前往去見孔明，走之前，來了一位「峨冠博帶，道貌非常」的人，劉備以為是孔明。報名之後，才知道是司馬徽。而後司馬徽又對劉備說孔明「自比管仲、樂毅」，而司馬徽則稱讚孔明：「可比興周八百年之姜子牙、旺漢四百年之張子房」。劉備很是心動。

第二天，劉備叫上關張，三人一起前往襄陽隆中去見孔明。路上，聽聞孔明所做之歌，經路人指引到了孔明的茅屋，自報說：「漢左將軍宜城亭侯領豫州牧皇叔劉備，特來拜見先生。」開門的小童子還很傲慢：「我記不得這麼多名字。」劉備無奈：「你只說劉備來訪。」結果，小童說：「先生出去了」。於是，三人上馬回走，路上又遇一人，以為是孔明，結果是孔明之友崔州平。這位仁兄和劉備談了一番從古到今的政事。劉備很是欣賞，希望他效命自己。但崔州平無意出仕。

回新野之後，劉備派人探聽，得知孔明回來，於是三兄弟又去臥龍崗，路上下雪，三人冒雪前行。結果遇到兩人喝酒而歌，劉備問兩人誰是孔明。結果才知道是孔明的朋友。後來劉備又遇到了孔明的老丈人黃承彥和弟弟諸葛均。最後，無奈沒有見到諸葛亮，三人打馬回新野。

第三次拜訪孔明，雖然孔明沒有外出，卻在睡覺。劉備和關張二人等了很長時間，孔明才睡醒，問童子：「有俗客來否？」童子說是劉皇叔來了。劉備這才見到孔明的真面目──「身長八尺，面如冠玉，頭戴綸巾，身披鶴氅，飄飄然有神仙之概。」

接著，隆中對三分天下，諸葛亮出山。

其實，從本意上講，諸葛亮是準備出山的，前面一系列噱頭，從司馬徽到新野，到諸葛亮的老丈人，無一不是「小角色」，這些也都是孔明自己製造出來的。最早的輿論導向：「得臥龍鳳雛，一人即可得天下！」就有孔明的自我推銷。不管是輿論還是聲勢，無非就是為了讓人過來求賢。自己再多次缺席，更是讓劉備想要得到這位賢人。

總是實現不了的目標，實現後，才會更加喜悅，而稍稍努力就實現的，自然不會珍惜。在心理上，隱藏不露往往更給人難求的重視感。這也是為什麼和劉備戎馬一生的過程中，孔明的才智得以發揮的原因，因為得之不易，所以劉備也就更加珍惜，更加聽從孔明的計策。

另外，孔明的隱藏還是一種考驗。如果三顧茅廬中，帶頭的是關張二人，恐怕兩人八顧茅廬，孔明也不會接見。而劉備求賢如渴、禮賢下士的明主表現，正是孔明所需要考察出來的。

現代職場生存現狀雖然不像三國時代，但是，孔明的「缺席法則」還是值得推薦的。如果你已經在一個隊伍中建立自己的地位，暫時退出一下，這會讓你成為人們談論的話題，而且獲得更多的尊重。你必須學會在什麼時候應該離開，從畏懼中增加你的價值，而不是事事躬親，時時露面。

缺席本身是一種隱藏，作為上級，本身自己就處於「顯露」狀態，而下屬則處於「隱藏」狀態，聽到、看到的都是好聽好看的。而缺席恰好將下屬和上級的「明暗」做了對調。所以，缺席並不代表不關注你的下屬。而是在缺席的時候，你才會看到下屬最真實的態度。**一些欺上媚下的人，往往在你缺席更會表現明顯。而那些本來對自己忠心的人，也就顯露出來。你也就明白誰為我所用了。**

故意製造恐懼感，培養不可預測的氣氛

每個人天生都具有強大的偷窺慾。很多人都希望自己能夠瞭解和熟悉別人的意圖。所以，為了保護自己的「底牌」，你可以適當的做出沒有任何徵兆的行為，或者說出一些沒有徵兆的語言，讓對方恐懼、不知所措。

《三國演義》赤壁之戰中，說孔明和周瑜談定火攻，而後龐統設計連環計，曹操連橫戰船。本來以為火攻不成問題，但是，一次江風刮過，周瑜這才想到，這個季節只有西風、北風，而沒有東風和南風，一下病倒。

諸葛亮得知周瑜生病，前去探望，很快就指明病因。周瑜大驚，又多了一層殺害孔明的想法。關於東風之事，諸葛亮對周瑜說：「亮雖不才，曾遇異人，傳授八門遁甲天書，可以呼風喚雨。都督若要東南風時，可於南屏山建一臺，名曰七星壇。高九丈，作三層，用一百二十人，手執旗幡圍繞。亮於臺上作法，借三日三夜東南大風，助都督用兵，何

如？」然後，孔明把風起風息的時間，告訴周瑜。

周瑜很是高興，給孔明五百軍士，到南屏山築壇。於是，孔明開始了借東風之旅。到十一月二十日甲子吉辰，孔明沐浴齋戒，被上道衣，跣足散髮，到壇上開始作法祭風。到了三更，東南風大起。當周瑜派的人前往祭壇殺害孔明時，孔明早就下壇，乘趙雲接應的小船，去往江夏，和劉備會合了。

其實，東風不借也會出現，只不過孔明沒有告訴周瑜罷了。而孔明也知道周瑜忌憚自己的才智，所以主動提出借東風，為自己設計「死角」——靠近江邊，不能逃跑。進而，孔明到南屏山有模有樣的借東風，這一切只不過是為了迷惑周瑜而已。當周瑜全力和曹操大戰，也正是孔明逃脫之時。在製造一系列不可預測的氣氛後，孔明的底牌——趙雲駕小船來了……

孫子說：「知己知彼，百戰百勝」。所以在戰爭中，為了隱瞞自己的意圖，軍事家都做足了表面的功夫。從中國古代韓信明修棧道暗渡陳倉，到二戰中盟軍策劃的諾曼地登陸，都是在隱瞞意圖中，獲得的成功。可以說，誰迷惑了對方，找出對方意想不到的底牌就等於成功在向自己招手。

當然，權力的爭鬥場也是如此。每個人天生都具有強大的偷窺慾。為了更能游刃職場，更多的人都希望自己能夠瞭解和熟悉別人的意圖。當然，為了保護自己的「底牌」，那麼，就要刻意隱瞞自己的意圖。

當然，權力場不是軍事戰場，所以，隱瞞意圖也更隱晦。**一個向對方笑著的人，可能心裡早就對其恨之入骨，而怒目相向也可能是為了對方好。**對於你而言，如果你不想下屬或同僚窺視你的意圖，可以適當的做出沒有任何徵兆的行為，或者說出一些沒有徵兆的語言，這樣，他就會害怕而不知所措，再也不敢窺視你的內心了。

職位越大，錯誤就越少，因為他們很少承認

犯錯，馬上認錯的是科員；
犯錯，保持沉默的是科長；
犯錯，能找到理由的是副處長；
犯錯，不認錯的是處長；
犯錯，眾人還說沒錯的是「領導人」。

春秋時期的晉靈公很是荒淫無道。他喜歡養狗就專門選了一塊地，修建狗圈專門養狗，還特地為狗穿上繡花衣，吃本來屬於大夫們吃的肉。為了保護狗，他下令國人，「誰要是觸犯了他的狗，就砍掉他的腳！」結果鬧得整個晉國人見到狗都躲得遠遠的。

晉靈公的寵臣屠岸賈看到這個時機，把狗放到市集上，人們紛紛躲避，群狗肆意吃市集的豬牛羊肉。不久，屠岸賈訓練狗吃飽就拖走，而所有的肉都被他收起。更過分的是，

如果大臣和他政治觀點不符，屠岸賈就讓晉靈公的狗阻攔他進諫。

另一方面，晉靈公也討厭臣子進諫批評自己。一次，晉靈公因為熊掌沒燉爛就把廚師殺掉了。大臣士季和趙盾看到露出的死人手，瞭解因由，就去向晉文公進諫。士季跑到晉靈公那裡，向前走了三次，晉靈公才對他說：「我知道錯了，我會改。」士季以為晉靈公真的認錯，還很高興教育君王：「人誰無過，過而能改，善莫大焉。」

但是，晉文公並沒有改，於是，趙盾接著士季多次進諫。結果，引起了晉靈公的反感，就暗中派刺客刺殺趙盾。趙盾無奈逃亡。

有句話說：「自古君王不認錯。」因為君王做錯，下屬勸諫而被誅殺的人不在少數。從商紂王朝的比干挖心，到夫差賜死伍子胥。古往今來，因為皇帝昏庸，而使得下級被冤而死的人何止千萬。

權力越高，使用權力的優越感就越大，自我意識也就越強烈，當然責任也就越大。自然，在認錯方面，權力越高的人，更加不願意認錯。在權力至上者看來，認錯就意味著權力使用範圍的降低，意味自己的面子被人揭，更重要的是，自己的責任沒有擔當起來，而這就是失職。所以，即使心裡知道是錯的，也不願意認錯。在古代，失職就意味著被貶，甚至殺頭，而現代，失職就意味著離重用遠了。

相反的，權力越低，認錯的機率也就越大。小職員認錯，是表示對上級的批評表示認可，是對上級順從。當然，只有改正自己，才能更被上級接受，所以，官越小認錯的態度也就越誠懇，越及時。

有這樣一個小笑話——

犯錯，馬上認錯的是科員；

犯錯，保持沉默的是科長；

犯錯，能找到理由的是副處長；

犯錯，不認錯的是正處長；

犯錯，眾人還說沒錯的是「領導人」。

由此，隨著職位的升高，錯誤也就越來越少。而「領導人」就更少了。當然，他不是不犯錯，而是能夠批評他的人少了。一般來說，敢於對現任老大說他做錯了的，大多都是有較高的地位，並且自認為為其所信任，不必害怕自己「進諫」而「被貶」。

而對於眾多下屬來說，卻是此時，不敢說他錯了。當然，他們也有說領導人錯了的時候，往往，這出現在「領導人」落馬的時候。原來的榮譽瞬間都被推翻，而曾經做錯的事情，就像河底的石頭一一被搬上來。所以總有人說，「牆倒眾人推」。原因是原來根本沒人敢推。隨著錯誤更多，根基搖晃，中間腐爛，結果，一個錯誤就像一個導火線，一推就倒了。

上文中的晉靈公最終也是激起眾怒而被殺。逃跑後的趙盾在逃亡他國的途中，遇到了自己的同族兄弟趙穿。趙穿聽到兄長苦心積慮為晉王做事，卻落得逃亡下場後很是氣憤。於是，經過謀劃，先將衛靈公寵臣屠岸賈殺死，而後又將晉靈公刺殺。西元前六〇七年，晉國的君王死了。趙盾聽到晉靈公被殺時，還沒走出晉國，於是很快回返，並派趙穿迎接了公子黑臀，即晉成公。

可以說，犯下錯誤，總是會因為錯誤而失敗。沒有改正的錯誤就像地雷，不知道什麼時候會爆炸。而這又是和權力大小、職務高低無關的。

主管的意見至關重要

眾人覺得此人應該升官、被提拔，但這個人通常是不會被提拔的；只有首長認為此人應被提拔，此人才能升官，被提拔。

想要獲得提拔，主管的意見是至關重要的。當然，你的上面可能有很多主管，但是，你要認清誰是你的直屬主管，否則，工作做得不錯，認錯了主管還可能被貶。

岳飛以少勝多大破朱仙鎮後，已經離故都汴京近在咫尺。但是，此時宋高宗卻用十二道金牌（軍事上最緊急的命令才會使用金牌）將岳飛召回。一個月之後，高宗削去岳飛軍權，又過了一個月，岳飛被秦檜以莫須有的罪名定罪，被殺。現在，我們要問一下為什麼。

很多人以為是秦檜害了岳飛。但是，忠良被害，從本質上看，是宋高宗的問題。如果沒有高宗首肯，就算秦檜多猖狂也殺不了岳飛，當時岳飛手中有十萬岳家軍，秦檜就算是文臣之首也是無可奈何。可以說，岳飛是被宋高宗所殺的。

現在的問題是，為什麼高宗要殺岳飛？甚至啟用了十二道加急金牌！很簡單，岳飛觸到了宋高宗的底線。

其一，迎接二帝，高宗做什麼？

岳飛主戰不僅僅是收復山河，還有迎接二帝。二帝真被岳飛迎接回來，宋高宗還能坐皇帝？自古一朝天子一朝臣，岳飛非要在新朝廷裡念著舊天子。對於皇帝而言，效忠自己和效忠國家是不同的，而岳飛恰恰忘記了這點。

可想而知，不為自己辦事的屬下，哪個上級會喜歡呢？即使，他做的於民於國家都是好的。在高宗看來，岳飛即使收復山河，那也是二帝的山河，又不是自己的山河！所以，岳飛被殺，從根本上說是他認錯了上級，他的眼裡的上級是二帝，而不是宋高宗。

所以，雖然同是帶兵領將的南宋大帥，同樣是大破金軍，但是韓世忠卻沒有被誅殺，反而得到了重用。因為後者，是以高宗為上級的。

對於主管而言，你做得再好，如果不是為他辦事，那麼，就沒有什麼值得表揚的。

《三國演義》中周瑜一心想要殺掉孔明，最主要原因不是因為嫉妒，而是這個人不為自己所用。所以，才會產生殺意。

其二，高宗的意見是主和

宋高宗從本質上是不願意戰爭的，而是和秦檜在一起的主和派。相反的，岳飛卻是主戰派。自然，作為武將，不能前線殺敵，是很大的不幸，況且又是一個軍事才能很高的武將。

但是，南宋第一大老闆是主和的，再優秀的武將也只能被放在一邊，等待衰老。但是，岳飛卻不願意，非但堅持抗戰，還訓練了驍勇善戰的岳家軍！政意不和，造成了高宗對岳飛的不滿，但是民心希望收復山河，所以，高宗只好把岳飛北伐的怒氣忍下。

不管做什麼，上級的意見都是最重要的。和上級意見不符，還對著幹，下場自然不好。

其三，岳家軍的存在是皇帝頭上的一把劍

岳家軍不是朝廷軍隊，而是岳大帥的軍隊，他們不服從朝廷高宗的命令，而是岳飛的命令。而今，岳家軍的主帥卻要高宗十二道金牌才能召回！這樣一個不服管教的將軍，和驍勇善戰、大得民心的軍隊，自然就被高宗所忌憚。

精忠報國又怎麼樣呢？失去了上級的認可，越大的功勳就意味越大的誅殺理由。況且，這個下級能力、權勢以及民間輿論導向已經和高宗比肩，被殺也就自然了。

當然，認錯了上級的下屬也是痛苦的，因為上級不會給下屬任何工作的支援。所以，當岳飛在前線打仗，後面就有十二道加急金牌的召回！想要收復山河的岳帥自然很不情願，但是，目前不是二帝的大宋，而是宋高宗的大宋，脫離了高宗認可，那麼岳家軍就成為匪盜，而岳飛的征戰就成了造反，作為一代忠良，怎麼可能讓自己和軍隊落入此種境地！所以，無奈之下，岳飛只好回朝面聖。

總結說來，職場裡生存，你一定要看清主管是誰，再決定自己怎麼做。**主管的意見是很重要的，如果在某個時刻，主管處於水火之中，你卻讓其忍著服從你的意見，等到他危機一過，你就是第一個被誅殺的對象。**

不要過分注重上司或者同事的承諾

職場事態瞬息萬變，上一個承諾還來不及實現，主管就可能外調或者倒臺，同事可能踩著你的肩膀往上爬。所以，承諾可以聽聽，但不可迷信。有承諾，總比沒有好，但不要因為承諾，影響自己的判斷。

從本質上講，承諾是上級馭人的手段。作為上位者，需要下位者為自己服務，在自己用人時候有可用之人。尤其，當下屬比較優秀，或者上位者急缺人手的時候，下位者求去，上位者就會進行挽留。提拔就自然而然搬上臺面。所以，承諾可信，但不可全信，它是上司的一種意圖，並不代表一定會實現。

曹操在率眾討伐張繡的時候，天氣很熱，大軍行走長時間後，軍士都很口渴異常，甚至有體質虛弱的士兵暈倒了。曹操看到部隊行軍越來越慢，擔心貽誤戰機，問身邊嚮導：「附近可有水源？」嚮導說，水源還要在很遠的地方。

曹操想了一下，時間可能來不及，於是縱馬走到隊伍前面，用鞭指著前方說：「離此不遠，繞過山丘，前面有一大片梅林！」士兵聽到這個消息，精神大振，很快加大步伐。雖然前面沒有水源，但是，因為嘴裡有了唾液，已經乾渴稍減，最終也堅持到水源。

望梅止渴，曹操很聰明，知道士兵需要什麼，於是就給了他們相應的許諾，以支持士兵加快步伐，完成自己的軍事計畫。這就是上級對待下屬的承諾，因為計畫或者利益而驅動。

如果士兵因為口渴而貽誤戰機，恐怕已經不是喝水問題，而是逃命的問題，所以，對於曹操來說，承諾雖是假的，但卻是達到了積極的作用。當然，戰爭勝利，士兵得到就不僅僅只是楊梅，而是更多的犒賞。

不過，承諾不是打白條，下級要想上級實現承諾，就必須擁有下面兩個條件。

能力是實現承諾的基本要素

對於上位者來說，不管前面承諾是否實現，只要達到自己暫時的目的，就可以了。當然，也只有自己目的實現，上位者才能夠實現下屬的承諾。泥菩薩過江自身難保，一個自身難保的上級，又何談實現自己的承諾呢？失敗者從來是沒有發言權。所以，從某種程度上說，上位者的能力是實現承諾的關鍵要點。

同事的承諾也是於此相似，能力不夠的同事承諾比上級還要難以實現。

人品是承諾實現的另一要素

看看你的上級和同事是不是重承諾的人。如果他有過不實現承諾的歷史，那麼，就不要把過多的希望放在他身上。做更多的準備，以防上級或者同事翻臉不認人，得到利益，卻把自己關在門外。

不管怎麼說，承諾可以是一種希望，但是都要做好另一手準備，千萬不能把寶押在一個人身上。

識人在先，善用在後

「問之以是非而觀其志；窮之以辭辯而觀其變；咨之以計謀而觀其識；告之以禍難而觀其勇；醉之以酒而觀其性；臨之以利而觀其廉；期之以事而觀其信。」

——諸葛亮識人觀

清末，曾國藩曾經提拔了不少人，在很短的時間內就為自己網羅了大批人才，如李鴻章、李瀚章、左宗棠、郭嵩燾、彭玉麟、沈葆楨、江忠源等等都是他一手提拔起來的。可以說，正是精確的識人，曾國藩才有了和滿清政府抗衡的條件。

這是曾國藩識人的一個小故事——

某天，李鴻章帶來三個人，請曾國藩任命。當時，恰好曾國藩吃完飯，正在散步。於是，三個人就在廳堂等候曾國藩散步回來。

不久，曾國藩散步回來，李鴻章請他接見三個人。

曾國藩說：「不必了，三個人我散步的時候都看到了，已經有了具體的安排——第一個人，一直規規矩矩的站在院子裡，是個忠厚的人，可以給他保守的工作；第二個人，一直在觀察室內擺設，希望瞭解我的嗜好。而等了一段時間，就牢騷一堆。這種人大多是曲意逢迎，陽奉陰違的，我在的時候很是恭恭敬敬，剛一轉身，恭敬的就消失了，不宜重用；

第三個人，可委以重任。這個人在我散步期間，不急不躁，不卑不亢，有大將風範，以後他的成就不在你我之下。不過，這個人剛正不阿，仕途會受阻。」

果然不出所料，第一、二位按照曾國藩的分析，在職場行事。而第三位則是大將劉銘傳。晚年率領臺灣軍民，重創法國入侵者，成為臺灣第一位巡撫，從此名揚海外。但是，因為小人中傷，黯然離臺。

識人，要多觀察

美國心理學家喬愛玲．狄米崔絲說：「我個人的經驗告訴我，讀人既不是科學，也不算天分。它側重的是，知道該去看些什麼？聽些什麼？具有好奇心及耐心去收集重要的資訊，並且從一個人的外貌、肢體語言、聲音和行為上歸納出他的模式。」

即使一個眼神、話音、轉身，城府深的人就能看出對方的心理變化。職場上，察言觀色是用人做事的重要前提。曾國藩之所以能夠認識透徹的分析出三個人的區別，根源就是他細緻入微的觀察。

不僅觀察對方的表情，還觀察對方的行事態度。每個細節都可以表現一個人的內心和品格。往往在人前，人們都會以對方為出發點，掩飾自己的情緒，但是，在人後，各種態度和情緒就會顯露無疑。職場，善於觀察的人，從來不會聽對方說什麼，而是去看，看對方做什麼，表情如何。

識人，可以從各個方面考察

在識人上，諸葛亮有識人七法，分別從「志」、「變」、「識」、「勇」、「性」、「廉」、「信」七個方面來考察一個人。

問之以是非而觀其志——從大是大非看一個人的志向，這可以看出一個人的立場、信念。

窮之以辭辯而觀其變——用一些突發的問題，考察一個人的應變能力。

咨之以計謀而觀其識——在某些領域上，考察對方的學識，看看他是否具有這方面能力。

告之以禍難而觀其勇——為他設置一個逆境，看看他的勇氣如何。一個萎縮的人是不可能成就大事的。

醉之以酒而觀其性——「酒後吐真言」，很多人都善於掩藏，而酒後就成為其靈魂考察的時機。

臨之以利而觀其廉——投其所好，用小恩小惠引誘對方，看看他是否禁得起引誘。

期之以事而觀其信——與對方約定事件，看看對方是不是講信用。小事上不講信用，大事往往也會腳底抹油，不會認真去辦。

識人只有從各個方面考慮後，才能知道這個人最適合做什麼，也才能知道，什麼話可以對他說，什麼事情可以安排給他。不致於因為考察不詳而出現用人失誤。

時間是最好的識人器——路遙知馬力，日久見人心

不管一個人自己當時認定是好是壞，都是需要時間來驗證的。職場中，有些人城府很深，只有時間長了，才能看出是不是自己要找的人。

總之，一個人不是一天兩天就能認清的，人心更是難測，陷阱往往出現在自己不經意的地方。所以，當自己沒有認清一個人的時候，就不要輕易相信。否則，即使自己去任命、親密，也只能遭受損失。

交一個朋友需要千言萬語，斷交卻只需三言兩語

交一個朋友，需要用千言萬語打破對方的戒心，從而贏得對方的信任。相反的，原來說說笑笑的朋友，如果利益當頭，只要說上三言兩語，就會翻臉斷交。

懸梁刺股的蘇秦，終於在燕國找到一展鴻圖的契機，憑藉才智，成為六國之相，合縱天下諸侯共抗秦國。不久，蘇秦同窗張儀找到蘇秦，希望得到幫助，沒想到對方翻臉不認人，讓自己坐在堂下，吃奴僕們吃的飯，而後又一番譏諷。張儀最終羞辱而走，兩人就此斷交。

氣憤的張儀離開蘇秦前往秦國，因為六國已經沒有他的容身之地。蘇秦令家臣暗中幫助張儀，去往秦國途中，車馬金錢，無一不差。直到張儀有幸拜見秦惠文王，才識引起秦惠文王的注意，家臣才奉命告辭。離去之前，家臣告訴張儀，這些都是蘇秦的苦心安排。於是，張儀發誓說：只要蘇秦在趙國一天，秦國就不會攻打趙國。結果，兩個人雖然是兩

個陣營，卻仍是莫逆之交，在不同的陣營中共展鴻圖霸業。

與之相對的又有另外一對同窗——孫臏和龐涓。據說，孫臏和龐涓也是師出鬼谷子。兩個人關係卻從最初的結拜兄弟，到後來的針鋒相對，一死一傷。

龐涓輔佐魏惠王後，北拔邯鄲，西圍定陽，很快得到寵信。春風得意的龐涓害怕孫臏輔佐他國，削弱自己的地位。所以，將孫臏接到魏國，設計挖掉他的膝蓋。不得已，孫臏求助齊國使者，裝瘋逃出龐涓魔爪。為了報仇，孫臏設計，導演了馬陵之戰，計殺龐涓。

同樣是為了利益，同窗的蘇秦和張儀，龐涓和孫臏關係卻是大大不同。蘇秦為了避免秦國攻打趙國，毀掉六國合縱的計畫，才激怒張儀侍奉秦王，而自己暗中資助。在幫助同窗之時，也實現了合縱計畫。相反的，龐涓卻是避免軍事地位被動搖，設計陷害孫臏，同窗之情毀於一旦，而自己也被孫臏擊殺。

撇開權力和利益之前，四個人都是和諧的同窗。但是，因為利益卻成為兩極的分化。在此，不是說蘇秦大度、龐涓量小，而是當時時局所致，如果蘇秦和龐涓位置對調，還可能做出相同的選擇。

這就是職場上的爭鬥。成為朋友和敵人，前提很大程度決定的是利益。當然，不論何時，雙贏狀態是每個人都所希望的。

職場上，一個人背後站著一群人

得罪一個人就可能得罪了這個人背後的一群人，不知道自己什麼時候會成為對方的刀下鬼。相反的，如果自己的利益和對方捆綁起來，那麼，在對方大展宏圖的時候，自己也就取得了相應的利益。並且，和對方成為好友，對方背後的一群人，都可能為自己所用。

第七章　永遠不要比你的上司更出色

好出風頭的人一定會被打壓；木秀於林風必摧之，露頭的鳥一定是獵人的目標。只有上司舒心，自己才能放心；讓上司擔心，那自己只能是煩心，甚至會被幹掉。這就是槍打出頭鳥定律：任何時候，都不要比你的上司都出色。

副職的工作就是做陪襯

「一山不容二虎」，做好副職，最好的辦法就是做好陪襯。否則，無論多麼賣命，也會因為「工作需要」而調離。

常言道，做天王老子的跟班，不如當小山頭的老大。無論什麼部門，副手都是最難做的，舒舒坦坦地伸直了不行，小心翼翼地縮著也沒用。一個副職，太能幹了，正的就不高興，因為你功高蓋主，威脅到他的地位，他就要想辦法整你；太窩囊了，底下的人瞧不起你，背後就會議論你，讓你夾在中間裡外不是人，前途也受影響。

職場的「陪襯法則」講的就是怎麼當好副職，如何做好正職的陪襯，既要讓主管高興，還得適時展現自己的能力，讓下屬佩服，這真是一門硬功夫。

一山不容二虎，副職要學會做貓

中國人在職場上是沒有「和」文化的，很少像西方社會那樣，做為競爭者的兩人對事不對人地團結合作。一座山頭只能有一個王，一個部門只能有一隻老虎，一塊領地也只能有一頭雄獅。

正職首先將副職視為一種威脅，其次他才是把副職看作是自己的助手。一個人如果做了副手還想不透這點，拚命表現自我的話，他離被調走就不遠了。

黃興在同盟會成立時，由於兩湖的會員很多，大家就推舉他做老大，可是他認為自己的德、才都不如孫文，把會長的位置讓給了孫文。他成了副會長，但是，在實際工作中，他偏偏又想當「老大」，椅子可以讓，屁股挪開了，心卻還在那兒，手也經常往那兒伸，於是就和孫文有了衝突。

兩個人都是「龍」，也都飛到天空中，高高在上，沒人願意當一隻貓，結果就是兩條「龍」必須死一條。可是如果是一條龍和一隻貓在一塊，那就相安無事了，大家不用殺得你死我活，而是合作愉快。

副職怎麼樣才叫做貓呢？就是要「說了動，擋得住，受得下」，說了動，就是上司安排的工作要雷厲風行地做起來，主動配合不越位，勤奮工作不說累；擋得住，就是獨立工作能力強，能獨當一面；受得下，就是受得下苦，某種程度上講還要能受得下氣。罵你要聽著，讓你背黑鍋要忍著，讓你蹲著你就不能伸長脖子出風頭，因為苦勞是你的，風光是上司的。

可以是陪襯，但不要做花瓶

副職也是官，是官就要有權威，有官望，為自己創造一個晉升的通道。所以，副職也得表現。在做好陪襯的基礎上，把才華表現出來。

第一，副職可以事事請示，突出正職的權威，但要做好自己那一份，事事都盡心。因為副職是一個承上啟下的橋樑和樞紐，既要把部門和正職的指示精神傳達下去，又要把下面的情況搜集上來，用最恰當的方法上報。這就有點軸承的作用，所以，副職即便是軸承，也一定要是一根堅固的軸，承受得起這樣的任務和壓力。

第二，當好正職的嘴和腿，替他傳達命令，跑腿幹活，也要做好正職的耳朵，對他的錯誤進行彌補。可以讓正職覺得這都是他的功勞，但你一定要讓下面的人看到你的成績，讓更上面的主管認可你的努力。

一個合格副職的三條原則：不爭權、不越權，不棄權。

一個合格副職要做好的三種工作：正職想做不好做的，我做；正職該做不願做的，我做；正職不願做但必須做的，我做。

做副職不容易，做副職也有竅門——讓主管覺得你是一位合作愉快的好部屬，還得警惕性很強地防範著別成為他的代罪羔羊。

永遠不要比你的上司更出色

不要把你的天才全部展現出來，這樣，上司非但不會因為有個能幹的下屬而高興，反而會有不安全感，為了自己的位置，他們可能會把你這隻「出頭鳥」斷頭折翅。

古時大臣常在皇帝面前裝傻，故意裝作不懂、看不出某些問題，把表現的機會留給皇帝。他們是真傻嗎？當然不是。相反的，他們很精明！因為他們知道樹大招風，好出風頭的人一定會被打壓；木秀於林，風必摧之，露頭的鳥一定是獵人的目標。只有上司舒心，自己才能放心；讓上司擔心，那自己只能是煩心，甚至會被幹掉。這就是槍打出頭鳥定律：任何時候，都不要比你的上司出色，如果他對你失去了安全感，覺得你是個威脅，為了保住他自己的位置，一定會找機會讓你這隻出頭鳥斷頭折翅的。

三國時的楊修，才華非比常人，出身還極高貴。楊氏家族是漢代的名門，祖先楊喜，漢高祖時有功，封赤泉侯。高祖楊震、曾祖父楊秉、祖父楊賜、父楊彪四世歷任司空、司徒、太尉三公之位，與東漢末年的袁氏世家並駕齊驅，可謂聲名顯赫。到了楊修這一代，混得差一點，但他很是有才，出口成章，聰明無比，所以雖然他只是曹操門下的一名小官，但驕傲得不得了。

有一次曹操建造花園，開工前，工匠們請曹操看一下設計圖紙，若沒意見即可動工。曹操伸眼一瞧，什麼都沒說，只在園門的位置寫了一個「活」字。工匠們哪裡懂這是什麼意思，楊修恰好經過便笑道：「丞相嫌你們把園門設計得太寬了，門裡一個活字，不就是闊嘛！」工匠一聽對啊，就按楊修的提示改了設計。曹操看了非常高興，便問工匠怎麼知道自己心意的。工匠們老老實實地說：「哎呀，這多虧了楊主簿的指點。」

曹操嘴上稱讚楊修，心裡卻已經很不滿意了。後來曹操去打漢中，老是吃敗仗，想繼續打，難度大，想退兵，又怕丟臉，心中猶豫不決。恰好廚師端進來雞湯，曹操看著碗中的雞肋，沉思不語。這時有人入帳稟請夜間口令，曹操隨口答道：「雞肋！」這事又傳到楊修的耳朵。楊修馬上讓隨行軍士收拾行裝，準備回家。士兵們就問你是怎麼知道魏王要退兵的？

楊修說了一段歷史上很經典的話：「從今夜口令，便知魏王退兵之心已決。雞肋者：食之無味，棄之可惜。今進不能勝，退恐人笑，在此無益，不如早歸。魏王班師就在這幾日，故早準備行裝，以免臨行慌亂。」

楊修把曹操的心思猜得很透，但是可惜，他表現錯了時機，千不該萬不該在這種時候出頭。曹操聽到楊修猜到自己的心事，立刻以擾亂軍心的罪名將他殺了，死時楊修年僅四十五歲。楊修的悲劇在於，鋒芒畢露，屢次在曹操面前賣弄自己的才華，本性多疑的曹操，多次被觸犯，最終忍無可忍，找了個機會，把他腦袋砍了。

在職場，你要一直讓你的上司有舒適的優越感。在他面前，不要太笨，但也絕不可太聰明。把自己的才華全部展現出來，往往會帶來相反的結果。他們會覺得恐懼和不安全。只有讓你的上司顯得更聰明一點，那樣你會得到更多的東西。

這種情況比比皆是。初入職場，很多人初生之犢不怕虎，加上自己年輕聰明，能言善辯，所以，總是在眾人之中脫穎而出。因為有雄心勃勃的事業心，所以，總是工作起來似乎永不疲倦，在討論問題時候，更是激揚陳詞。可是，最後卻發現自己所有的努力都遭到頂頭上司的阻撓、破壞和打擊。

而這些情況，究其根本是因為你的頂頭上司覺得你的表現對他的位置構成了威脅，於是就找你麻煩，想辦法對付你。如果這時你再強出頭，那就要有一場「大戰」，不是你死就是他亡，總之一山不容二虎，上司不會容忍你的鋒頭比他大。

說到這裡，我們就很容易理解，為什麼職場上有那麼多爾虞我詐了，因為下面的人總要表現讓自己往上爬，上面的人則拚命地維護自己的地位，打擊異己和威脅自己的人。上司不是不提拔新人，也不是看到出風頭的人就打擊，而是有一個原則：只提拔對自己有利的人，是一伙的才行，不是一伙的，或者他提拔了你之後，自己的利益會受損，那就對不起了，咱們就是敵人！

因此，職場上的出頭鳥是萬萬做不得的。一旦被上司認定為你是「應該用槍打的出頭鳥」，能躲過一劫的人，恐怕不過千分之幾。**可以在上司面前賣力表現，但絕不要讓他覺得，你比他強多了！**這就是為什麼總有人高喊自己「懷才不遇」，因為大多數的上司其實都是嫉賢妒能，誰願意成為下屬做鋪路石和墊腳石呢？這樣的好上司可遇而不可求。

當上司說「我對你很放心」，事實可能正好相反

如果上司說：「我對你很放心。」你要相信，他從來沒有放棄調查你。因為真的放心，是不必說的。只有「害怕」你察覺他的調查，才會安撫你。

明朝開國功臣宋國公馮勝，幫著朱元璋打下了天下，進了南京城，就開始驕傲了。他在自己的府第外築稻場，整天走馬為樂，侵擾百姓，周邊的鄰居苦不堪言，恨他恨得要死。於是有受害者告到了朱元璋那裡，說馮勝家居不法，稻場下密藏兵器，肯定是想謀反。馮勝聽說了很害怕：朱元璋向來多疑，大肆使用嚴刑酷法，連自己的兒子都敢殺，何況我這種外姓老臣，這可怎麼辦？他嚇壞了，晚上覺都睡不著，一直睜著雙眼，生怕錦衣衛衝進來把他帶走，鬼頭刀一揮就將他給結束了。

但是，不久朱元璋把他召進宮，表情卻還和往常一樣，擺上酒席請他吃飯，還勸他說：「老馮啊，這件事你放心，悠悠眾口，說什麼的都有，我不至於相信那些無端的謠

言！來來來，咱們吃飯喝酒。」一邊說邊笑。原本嚇得戰戰兢兢的馮勝一聽放心了，原來皇帝對我還是很信任的，畢竟我是開國功勳嘛！敞開了肚子吃喝，誰知道回到府邸，當天晚上七孔流血，暴斃而亡。臨死他才明白，朱元璋給他喝的是毒酒。

上司對你說：「我很信任你！」看了這個故事，他的話你還敢相信嗎？這就是職場信任定律：上司表示信任你，事實可能正好相反。因為信任是不必說的，刻意說出來的一定有假，當他對你表態時，很可能正在調查你，或者想拿下你。因為不知道你是不是察覺到了他的意圖，所以才會用這種方式進行試探。

記住，別相信上司故作親近的話，因為背後一定是個陷阱。上司的親近通常都是有目的的，如果不是要利用你去做什麼事，就是覺得你對他是個威脅，想對你下手了。

漢武帝調查自己的親舅舅田蚡，都已經決心將他拿下了，還要召他進宮，表示要繼續重用他，態度異常和善。幸虧田蚡是個聰明人，他立刻意識到，皇帝這時要對他動手了，因為怕他跑了或者謀反，才把他叫進宮，刻意安撫他。回到家，田蚡思來想去，想出了一條妙計：裝瘋。他披頭散髮，意識迷亂，還跑到屋頂上放風箏，最後騙過漢武帝，躲過了這場殺身之禍。

那麼，面對上司的這種假惺惺的表態，應該怎麼辦？

第一，應該感恩戴德，面子問題必不可少。上司握著你的手對你展示好感，你總不能皺起眉頭跑掉，或者當面揭穿他的「狠毒用心」吧？

第二步，表現忠心。因為他希望聽到你的忠誠回應，稍有猶豫就會讓他產生懷疑，所以此時我們都要變成演技派，表現自己的忠誠。雖說不至於慷慨激昂地大喊什麼「我這條命就是您的，」但也要表情逼真一些，態度堅定一些。

第三步，想想，最近有哪些事做得不合上司的意？在哪些地方得罪了上司，或者最近自己有否越級報告過？另外，就是你得全面考量一下自己在部門的價值，近期有無升職可能？會不會對上司構成威脅？當你把這些細節思慮一遍，你就能找到上司突然對你「拋媚眼」的真實原因了！也便能見招拆招，從容應對！

高你半級的人，往往是最危險的，同級的是天然敵人

往往高你半級的人，就會把你歸為敵人行列。他害怕你升遷和他平起平坐。對於同級的人，你就是他的天然敵人，無論如何都要分出競爭的成敗。記住，這是中國五千年來的帝王術。

如果你在公司有了一定的職位，那麼對這個假想敵定律一定感同身受。你很弱時，沒人把你當回事，甚至還會有人同情你，幫助你，對你比較友好。但當你的實力、職位接近他了，他就開始警覺了。到這時，你們之間就做不成朋友了，只有敵人可做。也就是說，此時你要麼離開，要麼打敗他、超過他，至於攜手並進之類的美事，是不可能出現的。

怎麼和等級相近的同事相處，成了一種危機術和生存術。而毫無疑問，等級越接近就越有危險。因為高你半級的人會有危機感，怕你隨時都可能與他們平起平坐，所以，有機會他們就會打擊你。而不管高半級還是一級，都是上司，他們設陷阱給你就危險萬分了。

而同級的人則是必然的敵人，只要上司不是傻瓜，就一定會挑撥手下競爭然後他坐得漁翁之利。

相差半級最危險

簡單來說，你和上司之間等級差得越遠，你對他的威脅就越小，而這個等級差距，就可被認為是緩衝。上司跟你之間有很大等級差的時候，他當然願意罩著你，保護你，並且給你資源，甚至提拔你，因為他需要你為他賣命，替他充當馬前卒，做苦事、累事、得罪人的事，幫他擋雨挨板子。可是當你們只相差半級時，一切就都改變了，他不再信任你，不會再提拔你，甚至會越來越討厭你，乃至於暗中打擊，最後發展到公開對立，勢如水火。

小劉剛進公司時，只是一個不起眼的小職員，什麼都不懂，但工作有幹勁，在頂頭上司李課長的眼中，他是一塊可利用的好材料。因為年輕人剛進社會，一定比老人更有闖勁，更敢擔責任。所以，李課長對他特別照顧，給他不少機會，同時也沒少把一些得罪人的活讓他去做。

但是過了一年多，情況就不同了。小劉憑著自己的努力，取得了更高一級長官的欣賞和認可，到了升職的時候。上級有意把小劉培養成後備幹部，也就是說要破格提拔他，就先讓他做副課長，兩個人只差半級。這時，李課長對小劉的態度就發生了一八〇度的大轉彎，由以前的照顧變成了打壓。他先是在各種小事上刁難小劉，製造一些工作障礙，後來又私下警告他說：「小劉，你要明白這裡誰是老大，別不知輕重，給自己找麻煩！」

小劉很鬱悶，心想我沒得罪他啊，平時對李課長一直是尊重有加，內心把他當作自己學習的師長來對待的，以前關係也不錯，怎麼突然就勢如水火不相容了呢？他想不明白，回家跟剛退休的父親一說，父親的一席話才讓他恍然大悟：「孩子，你現在是副課長了，如果再升職，就是課長，雖然還沒有，但現在至少已經對他構成了威脅，他還能像以前那麼對你麼？巴不得讓你走人呢。」

這種情況是很常見的，相差半級最敏感，因為你再一步，就跟上司平級，那就意味著要取代他。這是多大的威脅？你是在奪他的江山啊！但現實中，很多人升職後，與上司之間只相差半級，卻並沒有意識到危機來臨，還像往常那樣處理與上司的關係。棋差一步，反應又慢，就很容易讓上司拉下來。皇帝提拔臣子，開始都是重用有加，傾力扶持，但當這個臣子一路高升，當到了丞相的位置上，相權大握，皇帝就開始變態度了，從扶持變成打壓，從信任變成懷疑。因為相權很大，對皇權是有極大威脅的。這時，皇帝就會扶植另一股勢力、另一個人來制衡他。

你一定要記住，一個上司願意把你當成親信，是由於你對他沒有危險。當你的上升對他構成了威脅後，你將不再是他的親信，而是敵人。你們將是競爭對手，他隨時會壓制你，給你設陷阱。稍不留神，你就會被擠走。

平級同事是天然敵人，別幻想有和解可能

上司挑撥屬下自相殘殺，他在旁邊看笑話，並且坐享漁翁之利，這是職場上的常態，也是中國幾千年的帝王之術。古代時，帝王為了能更好的操縱臣下，就讓水火不容的人分列同級，讓他們互相競爭互相搏鬥。只有這樣，他才覺得自己是安全的，可以利用屬下之間的衝突，玩平衡，整倒對自己有威脅的人，保持江山的穩定。總而言之，下屬鬥則上司心安，下屬合則上司心亂，聰明的領導者絕不會坐視自己的下屬團結無間，那樣對他最不利。當然，他也不會希望下屬鬥得不可收拾，那樣工作就沒法做了，自己的頂頭上司也不會滿意。

歷史上，擅長玩弄這種權術的皇帝有很多，最有名的當數明朝的嘉靖帝和清朝的康熙。嘉靖扶植嚴嵩一黨，又讓徐階、高拱他們入閣，就造成了兩派不共戴天的抗衡局面，你死我活鬥了十幾年，結果就是皇權穩定了，沒人能威脅到他朱家的江山。看著鬥得差不多了，他才在年老的時候除掉了嚴嵩，把徐階這些能幹之臣留給自己的兒子。從這點來說，看來重用奸臣的皇帝其實並不昏庸，他清楚地知道哪些大臣是好官，哪些是壞官，只不過，出於利益平衡的需要，他不得不讓好壞同朝，善惡廝殺。「用小人來抗衡忠臣。」就是這種思路的表現。

康熙時，朝廷出現了明珠與索額圖的黨爭，兩個人都是功高權重，各自擁有一套人馬，鬥得熱火朝天。康熙明知他們做了很多壞事，可是就是不動手。因為他知道，兩黨相爭，他尚能得漁翁之利，若一黨獨大，皇權就要受威脅了。所以直到明珠與索額圖兩個人鬥得筋疲力盡，時機已到，他才將兩個人的勢力慢慢拔除，然後慢慢填補新人，為將來的新皇帝鋪路。

記住，這是管理權術的一部分，他不希望看到屬下走得太近，最好派系分明、互不相讓才好，如此才利於他的操控。因為屬下如果團結了，就會聯合起來對抗上司。不但遮罩了上司的資訊通道，使他被孤立，還會有把他架空的危險。從另一方面講，平級的下屬之間，競爭的味道也很濃厚。因為大家是平級，誰也不服誰，可是升職的機會又不多，越往上爬，就越是金字塔的上端，粥少僧多，當然就容易競爭起來。對領導者來說，這是天然可以利用的。所以，團結多是流於表面，在一團和氣的背後，都是暗潮湧動！

辦公室活躍程度和領導者密切相關

主管在辦公室，大家的氣氛是團結、緊張、嚴肅而不活潑；
主管不在辦公室，大家的氣氛是，說說笑笑，活潑異常，沒有絲毫緊張嚴肅之感。

主管在辦公室代表的是什麼樣的一種角色呢？舉個例子，當主管在的時候，辦公室的氣氛永遠是「團結、緊張、嚴肅」，一點也不「活潑」；而主管不在的時候，氣氛會變得異常的活躍，人們可以海闊天空，說說笑笑、吹吹牛皮、聊聊足球、新聞……天南地北、五湖四海，沒什麼話題是不能聊的，氣氛輕鬆，心情愉快。

職場的這條活躍定律，表現的是權威的厲害之處：人人都怕主管，這說明主管是辦公室氣氛的「破壞者」。

監督的作用

辦公室就像一個牧場，員工們是「羊群」，主管就是那個手持羊鞭的牧者。利益既統一又對立。如果沒有牧者，羊群就要散成一團，無目的地在草場上遊蕩，這裡啃一口，那邊啃一塊，吃草沒有效率，草場也會被破壞。只有在牧者的驅趕和引導下，羊群才能做到秩序井然。根據「牧羊定律」來說，就是羊兒吃得飽，放羊的人能達到目的，草場也得到了保護。

主管在辦公室發揮的就是監督的作用，雖然他在時高高在上，居高臨下，一副不苟言笑的模樣，氣氛不會很活潑，員工的心情也不爽，但工作效率至少可以保證。如果只為了追求辦公室的氣氛，那麼管理就失去了根本的意義。很多人都是主管一來就努力、主管一走就放鬆的類型，他們只會在主管跟前表現，抱著投機心理工作。所以，做為管理者，在合適的時機出現在辦公室，舉起鞭子，使員工各司其職，把主要精力用在工作上，還是非常必要的。

好的領導者都是調節辦公室氣氛的高手

如果一個領導者發現自己每次出現在辦公室時，屬下個個噤聲工作，大氣不敢喘一下，而自己走後，辦公室馬上就會傳來歡笑聲，那就說明他是不稱職的，這種形態便非常危險，對工作不利，對他自己也不利，因為更高階的主管會不滿意。主管不僅要讓員工畏懼，更重要的是他的存在不能使工作氣氛冷熱不定兩極化。好的領導者，都是辦公室的調節劑，他出現時下屬工作更努力，他走後也不會有人把腳放到桌子上——發出「終於解放了」的感慨。

有一位辦公室主任曾經向上級抱怨：「現在的管理工作真是難做，管得嚴了，屬下私底下說你是閻羅王，跟仇人似的，可是管得鬆了，給他們太多的自由空間，他們又都無法無天，工作效率上不去。」

上級對此當然心知肚明，就問他：「你每次到辦公室去，都做些什麼？」

這位主任納悶地回答：「監督呀，轉一轉，看看他們的工作進度，問問有沒有什麼問題，檢查一下他們每天做的事情，防止有人偷懶！」

上級就幫他出了個主意：「以後你再出現在員工面前時，什麼都不要說，也不要問他們具體的工作，甚至可以開開玩笑嘛，身段放低一點。工作方面的問題，你用單獨談話的方式，或者在部門的會議上進行討論，不要動不動就公開訓斥下屬。記住，你只要抓住結果就可以了，不要對過程進行監管。結果是好的，可以不問過程；結果不行，你再去審查他們的工作細節。」

主任照本宣科，帶著上級的指示回去就開始試用這套新策略。不到一月，他就發現情況完全改變了。由於他不再總是板著臉出現在員工身邊，辦公室的氣氛逐漸得到了緩和，員工慢慢放鬆下來，漸漸地就習慣了變得溫和的主管。但與此同時，部門的工作效率並沒有降下來，因為他每週有固定的時間和方式對業務進行過問，員工只要在規定的時間內把結果交給經理就可以了。所以，辦公室的氣氛變得既緊張又輕鬆，該主任的威信也得到了提高。

可見，活躍定律不是一成不變的，也並非無法打破。**關鍵是領導者要率先做出改變和調整。還給屬下一個輕鬆的工作環境，舒暢的工作氣氛，用恰當的激勵和監督機制，保持員工的工作熱情，主管在與不在，辦公室的氣氛都不會有太大的變化。**對管理者來說，如何不再使屬下對自己感到「畏官如虎」，審視一下自身的問題是很必要的！

主管在，加班才是敬業

如果主管下班沒有走，那麼下級就不能理直氣壯地走。而主管不在時，加班等於沒有加班。至於，加班的效率問題，可以忽視。

「月亮走我也走」，上司就是月亮，月亮不走你別走。加班定律告訴我們，必須在主管眼皮底下加班，讓主管看著你加班，你才有功勞，才敬業，否則就等於沒加班。他實在沒看見，你也要想辦法讓他知道你加班了。至於加班的效率，其實是可以無視的，重要的是在主管的眼中你留下了什麼印象。

某公司，新來的小李聰明伶俐，經常加班到晚上十點，對工作非常投入。而且同事們經過觀察，還發現了他加班有一個規律，主管在的時候，他肯定留下來加班；主管若走得早，他偶爾會加班，就像主管的影子一樣。

有一次，同事小蘇和他一起加班，這天主管不到五點就走了。大概晚上九點多時，小李特意打電話給主管，很認真地請教問題，說自己正在公司苦思解決的辦法，想了半天也沒轍，只好請主管指點迷津。主管雖然覺得很煩，但還是耐心向他提示了解決的方法。掛斷電話，小蘇不解地說：「這事很簡單啊，查查工具書就能找到解決方法，何必刻意去問呢，我都可以幫你。」小李得意地說：「是啊，這麼簡單的問題我如果不會做，還出來混幹嘛。我打電話給主管，不過是讓他知道，我在公司加班呢，他可以放心在家看電視，在外面喝酒，工作的事有我頂著！」

小蘇歪歪嘴，沒吭聲，心裡很瞧不起他。第二天，主管到了公司，在會議上公開表揚了小李，說他自從來到本部門，是工作最努力、最辛苦也是最有成效的一位職員，讓其他員工都向他學習。小蘇這才緩過神來，明白了小李的用心良苦。鄙視也罷，瞧不起也罷，總之，不久小李就升職了，加班比小李還多的小蘇卻沒什麼機會，主管也很少誇獎他。

小李知道主管是需要討好的，加班是討好的絕佳方式之一。但前提是，你必須讓他看到自己的加班，而不是悶著頭幹活，不知在上司跟前表現。所以，有些人就只有苦勞，沒有功勞，累個半死，卻一點效果沒有，不如那些只會耍滑頭的人得寵。比如小蘇，來得時間再長又有什麼用呢？主管看不到他的努力，也不知道他很努力，反而比不上小李混得如魚得水。

職場加班的技巧：

一，加班要讓主管看見，陪著主管加班，就是最好的表現。因為人都有一種尋求患難與共的心理，通常主管加班也是不情願的，誰不想下班休息啊！此時如果他看到一名員工也在陪著自己孤軍奮戰時，可想而知他對你的印象會有多好！他對你簡直會有一種油然而生的親切感！

二，加班也需要一定的效率，並不是坐在辦公室，對著電腦看一晚上，再讓主管看到，就是成功的加班了。你必須有事情可做，具體說來就是得讓主管知道你在做什麼事，比如小李，適當向主管請教問題。即使主管覺得很煩，但他至少體會到你不是在故意耗時間。另外，也會讓主管體驗到一種高高在上的滿足感，他覺得你需要他的指點。要知道人都是有虛榮心的，主管也不例外。時間長了，他肯定會給你晉升的機會了。

第八章　朋友多了路未必好走——找說了算的人

找人辦事，找十個小人物不如找一個大人物。說了算的人才能真正幫你搞定頭疼的事！人在職場裡想找人辦事，得先把備選的人分析一遍，到底哪個是一號，哪個只是二號三號，找準目標再行動，否則就可能事情辦不成還挨一頓整。

找說了算的人

不管辦什麼事，一定要找對人。當家才能做主，不能當家的人，給你多大的承諾，也可能泡湯。

職場很講究「說對話，找對人」這六個字，話說給了不該聽的人，你就惹了麻煩，留了隱患，因為他可能把話到處傳播；事找了說了不算的人去辦，你就等於白白扔了一堆「投資」，因為他沒這個能力替你辦事，而你還得搭上他這層關係。另外，找錯了人，也意味著那個對的人讓你得罪了，將來再去找他，事情就不好辦了。這就是辦事定律：辦事要找說了算的，靠山要找穩得住的，否則再大的承諾，也等於一堆空氣。

事要辦，就要找對人

辦事找錯人的後果是什麼？清末百日維新的那批人相信一定感觸最深，做為手無縛雞之力的書生，他們要完成救國救民的大舉，就得借助軍隊的力量，這個決定是沒錯的，但他們找的人是袁世凱。袁世凱當面答應得很好，轉身就把他們賣了，向慈禧告密，並把他們逮捕，向朝廷邀功請賞。

這當然是後果最嚴重的找錯人，職場上這種事不是很頻繁。我們最常遇到的，就是託人辦事或尋找政治盟友這樣的利益爭鬥。但如果所託非人，或者找的盟友其實是對方陣營中的，結果也一定是很「慘」的。

小張想到某公司辦點事，苦無門路，朋友就為他介紹了該公司部門的一位科長，說他一定能幫得上忙。小張就興沖沖地去了，還買了水果一塊帶過去，結果這位科長忙了半天，事情也沒辦好。

回來一打聽，原來負責這件事的是另一位姓齊的科長，小張急忙又買了些禮品去找齊科長。白天在公司，齊科長正因為看見他是與另一位跟自己有嫌隙的科長帶來的，才故意不幫他辦事。現在見小張又來求自己，心想：現在想起我來啦？晚了！我非出口氣不可，讓你們知道，這裡到底誰更有份量！出於這種心理，無論小張怎麼求他，齊科長都一副公事公辦的樣子，硬是把這件事拖了兩個月，直到小張去求了自己的上級，把這事情辦成。

這個故事的警示是很重要的，人在職場，想找人辦事，得先把備選的人分析一遍，到底哪個是一號，哪個只是二號三號，找準目標再行動，否則就可能事情辦不成還挨一頓整。身在職場要找個靠山，道理也是一樣的，就也要找那些真正有份量的，別找到最後找了一個跑龍套的角色，那副滋味可一點也不好受！

當家才能做主，每個人都想說了算

正因此，每個人都想說了算，所以都想往上爬，抓實權。而有實權的人也是貪汙最嚴重的。你想一想，能抓住權為別人辦事，一是風光，二是有機會收受賄賂，哪個人不嚮往這種生活呢？

所以，辦事定律的背後，其實反映的是職場人人爭權奪利的殘酷現實。由於缺乏有效的監督，使得一些實權位置簡直成了沒人管的山大王，名副其實的肥缺，人人都想坐到上面，吃個肚飽腰圓。從本質上講，這些人，豈不都是拿著禮品和錢找他們辦事的人養肥的？

對待這種現象，我們第一應該保護自己，在不違法的基礎上，辦事當然需要找對人；第二，堅決遏制送禮之風，如果人人都堅持不送禮，遵循法定程序去辦事，也就斷了那些人的非法念頭。

沒有不行，過遠不好；近了不行，多了亂套

沒有關係不行，過遠不行，因為會被人孤立；關係太近、太多，也不行，可能會被莫須有的問題拖下水。總之，想要做到合適的關係，就要處處經營，不要織網不成反被網套住。

朋友多了好辦事，這話放在職場更是至理。有朋友，就代表你有盟友，有近水樓臺先得月的好機會；有朋友，你就能聯合多數對付少數，靠關係得到普通人得不到的東西。但與此同時，朋友又是一柄雙刃劍，關係還是一張束人亦束己的網。它能網住別人，也能套住自己。

這便是關係定律：沒關係不成，關係太多也有壞處。

職場上朋友多了路未必好走

關係就是一張網，靠這張網可以橫行天下。所以才有句話說，有本事沒關係的吃苦飯；沒本事有關係的跟著吃；有本事又有關係的不愁吃；沒本事又沒關係的看別人吃。總之不管有本事和沒本事的，都在拚命找關係，為自己尋找立足點，而那些有關係的，則不惜一切地鞏固自己的關係，擴大同盟的陣營。

但是，關係太多了，朋友成群，日子就一定好過嗎？職場上的路就一定好走了嗎？從此就沒危險了嗎？也不盡然，關係會成就人，也會害人，朋友太多了，難免魚龍混雜，說不定誰就把你帶壞，領著你跳進坑裡。大家一起變壞、作惡，到最後東窗事發，這難道不是關係害的麼？

尤其是如果你交上了一些別有用心的「朋友」、對自己的權力有所求的「朋友」，甚至不加選擇地和一些黑惡勢力交朋結友後，便會使自己迷失前進的方向，走到邪路上，而且一旦誤入歧途，就會被他們牽著鼻子走，欲罷不能了！

喜交天下「朋友」，卻又被所謂的「朋友」拉下水、拖下馬的例子很多。每一個落馬的人，他們的背後，都有著各種各樣的關係在作祟。可以說，他們成於關係，也敗於關係。一個腐敗的人背後，往往都有一群追腥逐臭的「親朋好友」。特別是當其權力越大、地位越高時，「親戚」、「朋友」更是紛至沓來。其實，他們根本不是真正意義上的朋友，他們之所以會主動與你套關係，目的只有一個，那就是看中了你手中的權力。

所以，那些人在位時常掛在嘴邊的「好朋友」、「鐵哥們」，其實都是一些可能隨時埋下「定時炸彈」給自己的「掘墓人」。像這樣的關係，還是不要也罷，越多越危險！

沒有關係，同樣寸步難行

有一個在大公司混了一輩子的人，講爬樹的故事給他的孫子聽。他這麼說的：「你要爬上一棵樹，首先應該怎麼辦呢？拚命抱住樹幹，用全身的力氣往上爬，肯定爬不了太高你就沒力氣了，一個人的力氣終究是有限的。所以，你得先尋找可以借力的樹枝，抓住它，借助它把自己拉上去，然後踩住這根樹枝，再向上尋找新的樹枝。」

這個人經由爬樹的故事，很巧妙地灌輸了怎樣混職場的訣竅，那就是關係的妙用。人要借著關係往上爬，爬上去怎麼辦？再找新的關係，更高一層的關係，再向上進發。這裡有一個原則，就是你尋找的關係，必須向上的。比你低的這些關係，則要踩在腳下，防止他們反過來擋住你的雙腳。必要時，甚至可以把它們折斷。

關係是這麼用的。職場上要交朋友，但要有選擇性。對自己有利的朋友、關係，一定得交。但那些只是有求於自己，已經沒有利用價值的，則是讓自己犯錯誤的潛在「病毒」，要毫不猶豫地予以殺除。也就是說，關係有好壞之分，利弊之分。沒有關係，你會被孤立；關係太多，你又會像爬樹一樣，被這些繁雜的枝枝杈杈包圍，無法順利地前進，而且還有掉下樹的危險。

因此，身處關係之中，第一要義在於防止權錢交易，這是大忌；第二原則就是對關係，我們可以依附，但不要依賴。依賴就會被人抓住弱點，被人利用，讓事態脫離自己的掌控，最後被拉下水，悔之晚矣！總結來說，關係是用來利用的，而不是用來依賴的。

你怎樣對別人，以後別人也會怎樣對你

官場沒有真正的常勝，上下、左右，當初你怎樣對待別人，以後，他就會怎樣對待你。所以，為別人留餘地，就是為以後的自己留餘地。

想混官場的都應該看看這個故事，閻王問兩個小鬼：「現在，你們兩個有資格到人間投胎做人了，不過一個要一輩子忙著給別人東西，另一個可以一輩子都從別人那裡拿東西，你們選哪一個啊？」

小鬼甲趕緊說：「還是拿東西好，我做第二個！」小鬼乙嘴慢，沒搶過甲，只好選了第一個，一輩子都得給予，沒辦法索取。閻王哈哈一笑，說：「那好，小鬼甲，你投胎到人間做乞丐，一輩子向別人要東西吃；小鬼乙，你投胎到富貴的大戶人家，經常周濟窮人吧。」

不願意給予的小鬼立刻遭到的懲罰，如果你不想給予，只想索取，其實下場就是乞

丐；只有那些願意幫助人的人，他才可能成為「富翁」。職場何嘗不是如此呢？做為一個關係世界，沒人願意只給你、而不能從你這裡得到什麼。所以，關係定律二的首要宗旨就是告訴我們：你怎樣對別人，別人也會怎樣對你。

凡事留餘地，給人留退路

電視劇中，丞相楊憲因科場舞弊案被剝皮抄家，胡惟庸做為審理該案的主要官員，負責監督抄家的全部過程。根據規定，抄家就是所有的東西包括財寶都要收歸國庫，一件也不能留給有罪之人的家屬。但是胡惟庸悄悄給楊家留了一包袱金銀首飾，抓住了楊家的心，把這股殘餘勢力收為死忠，為自己增加了一個耳目，還在以後派上了用場。

在職場就是這樣，可以得罪人，但一定不要把人得罪得太絕。要給別人留下一條可以存活的餘地，如果他對你的威脅不是太大的話。人們常說「斬草除根」，那是對你死我活的仇敵，並不具備泛指性。

實際上，在官場或職場的競爭中，大部分衝突，都不過是一些普通的利益之爭。可以打得難分難捨，但最後的退路，還是要給人家的。

給別人留餘地就是給自己留餘地，予人方便就是予己方便，善待別人就是善待自己。

你不給別人留餘地，可能自己早晚有天就會沒有立錐之地。因為山不轉水轉，失敗者也可能東山再起。等你落在他手裡，他會怎麼對付你？肯定以你之道，還於你身。

兩方相鬥，會造成兩敗俱傷；若是兩人相讓，則兩人都有所得。讓步不一定吃虧，從禮讓中，才能和諧雙贏。忍讓一下，看似吃虧，實際上就是占便宜。民諺有云：「養兒防老，囤穀防飢」、「晴帶雨傘，飽帶乾糧」，說的都是要未雨綢繆，為明天留後路，留餘地，有一句俗語：「人情留一線，日後好見面。」意思是說，與人相處，凡事不可做絕，不能做得太完美，要記得給對方留有餘地。不管在什麼場合見面，都不會難堪，不會尷尬，更讓他人有機會。

我們反觀現實，只想獲得、不能施予的人，一般都不會有很好的人脈關係；每次都為了最大利益職場算盡，不給對方留一點餘地的人，最終可能導致自己也沒有一席之地可以立足了。

做事要做好，給自己留條後路

我們自己做事，處理各方面的關係，在策略上也要給自己留出後路來。話不可說滿，事不可做絕，留有餘地，就才有足夠的迴旋空間。所謂天無絕人之路，就是說連上天都會為每個人留有轉機，留有選擇的餘地。

俗話說：「彈琴唱歌，餘音繞梁；贈人玫瑰，手留餘香。」留有餘地，才能做到均衡、對稱、和諧；留有餘地，才能做到進退從容，曲伸任意。我們留下更多的空間給別人，同時也是給自己，這樣才能達到自己的成功。

比如說一個人在憤怒的時候，就可能說些傷害別人的話，這樣才顯得話的份量。但當我們冷靜下來的時候，就會後悔曾經的衝動。因為說出去的話是潑出去的水，「說者無心，聽者有意。」一句話就很有可能傷到別人。你把對方的後路堵了，自己的後路其實也同樣沒了。

在職場，利益總是建立在並存的位置上才可長存，任何有損一方利益的事情都不可能會長久。踏著損害他人利益往上爬的人，最終損害的也是自己利益，害人終害已。相反的，一個為他人著想，給他人路走的人，反而會讓自己也有一條路。

有兄弟倆出遠門，各帶自己的行李箱。路上誰也不幫誰，行李箱很沉啊，兄弟倆懷裡抱一會，肩上扛一會，左手累了換右手，走得很難艱，也很慢。老大想了想，停下來，到路邊小店買了一根扁擔，將兩個行李箱一前一後挑上。他自己挑著兩個行李箱，反而覺得很輕鬆。就這樣，兄弟倆一人挑一會，走路的速度就快了很多，而且也不累了。

故事中的這個大哥，就很擅長處理關係。一條扁擔，既幫了兄弟，也幫了自己。可以說，他既會做事，又會做人。

我們常說一個人不僅要會做事，還要會做人。這個道理說起來簡單，做起來難，**其實，你只要時刻能想到「與人方便，自己方便」這八個字，遇到這種情況的時候，應該就懂得如何處理了！**因為在前進的道路上，搬開別人腳下的絆腳石，有時恰恰就是為自己鋪路。

春風得意時數量多但真的少，身處逆境時數量少但真的多

春風得意，真朋友假朋友一起祝賀，其中有希望可以撈到一杯羹的，也有是對手的間諜，假意逢迎的。落馬的時候，只有真朋友陪在身邊，分羹的唯恐被殃及，捲入其中，而間諜則正是落井下石的傢夥。

在職場中一個人的職位越高，朋友就越少；地位達到最高時，一個朋友都沒了，即使以前的真朋友，也因為你的變化太大，而離你遠去；趨近你的，圍著你轉的，不是小人，就是想經由你得到利益的人。這些人對你曲意逢迎，鞍前馬後忙得不亦樂乎，但只要你一落馬，立刻如同猢猻散，跑得無影無蹤。最後留下來的那個人，才是你真正的朋友。這就是朋友定律。

職場只有利益，沒有朋友

有人說，真正的朋友，一是隨時可以借錢的；二是隨時可以打電話的。想想看確實有道理，但在職場，這兩者也都靠不住。因為你春風得意時，每個人都想借給你錢，都想隨時接到你的電話，一旦你出了事，情況就不同了。有錢的變成了「窮鬼」，有時間的成了「大忙人」，平時跟你熟的瞬間化為「陌路人」。到那時你才知道，原來他們都是假朋友，以前的熱情不過是在演戲。

職場，人與人之間，多的是利益關係，少的是朋友關係。雙方有共同的利益需要時，就會結成盟友、死黨，當利益相對或者消失時，馬上就會變成不共戴天的仇人或者冷漠無情的不相干者。

《三國演義》中，劉備跟呂布的關係一度不錯，還曾經一起並肩戰鬥。在呂布困難時，劉備收留了他，但反過來呂布卻得寸進尺，占了劉備的地盤。於是，當曹操把呂布抓住，準備砍他的腦袋時，呂布求劉備為自己說句好話，劉備把頭一歪，心想這時不借別人的手除了他，日後還得冒著被背叛的危險！

自身的利益需要，決定了我們會跟什麼樣的人做「朋友」或者做「敵人」。在職場，很多人好得穿同一條褲子，不過都是在逢場作戲。

戰國時期，李斯和韓非子都是荀子的學生，在尊師重道的古代，這個關係就很不尋常了。後來韓非子到了秦國，李斯跟他相處得也不錯，外人看起來，他們既是同學，又是同僚，擁有很堅固的盟友關係。但最後，兩個人在是否滅韓上出現了分歧，而李斯又嫉妒韓非子的才能，生怕他將自己取而代之，就把韓非子給害死了。這就是典型的利益衝突改變了朋友關係的案例。

珍惜逆境中的朋友，為自己留條後路

要想看清誰是自己真正的朋友，就得在逆境中。一個人倒楣時，誰還站在他身邊，和他並肩戰鬥，一起承擔風險，誰就是他的朋友。所以，我們尤其需要珍惜從水裡把自己拉上岸的人。他就是你的後路，也是你可以依賴一生的朋友。

唐代有一個官員叫許勝，他春風得意之時，前呼後擁，什麼阿貓阿狗的都來了。許勝的態度逐漸眼高於頂，瞧不起那些以前讀書時結識的窮哥們，對他們的態度變得很冷漠，還特意交待門房，有當年的窮哥們前來拜訪時，就說自己不在家，別讓那些人進來。他專營於巴結上司，結交權貴，一心只想往上爬。

但是，有一天，他得罪了長安的一位皇親國戚，被奪去官職，下到大牢，折磨得半死才放出來。雖然被證明是冤枉的，但經此一事，同僚們沒人再敢與他交往了，他的官運也就到了盡頭。許勝憤鬱良久，什麼手段都使了，但仍是混不下去，只好辭官回鄉。昔日的榮光，變成了今時的落魄，老家那些前陣子還攀附他的鄉紳，也裝著不認識他了。只有被他拒之門外的那幾位窮哥們，湊錢買了酒和肉過來看望他，不但熱情如故，還勸他不要灰心，等待機會捲土重來。

許勝握著他們的手，痛哭流涕：「當日我還將你們擋在門外，現在才知道，我關在門外的，才是真正的寶玉！留在房內的，不過是糞土一堆啊！」

從這個故事我們就看到，順境時的朋友假的較多，逆境時的良友才是金石。每個人都應該為自己儲備幾個這樣的至交好友，無論遇到什麼情況，都能始終站在身邊，給你強力的支持。**人在職場，狐朋狗友不能少（他們有利用的價值），君子之交宜須有（表現風度和境界），而能拉你出水的「救命友」，則是最不可缺少的！**一個人，只有擁有這樣的朋友，他才有資本在職場混！

上級指導的越多，得到經費越多，相反也是

上級來指導工作，表示上級對此項工作的關注。而關注就意味著經費的補貼，相反的，不關注的專案和部門，自然經費短缺。

我們經常看到某些高層到某地、某部門、或某專案基地視察指導的情形，有些人一看到這個就撇起嘴巴，「嗤」的一聲表示不屑，認為這是毫無意義的舉動，浪費公款，搞面子形象，無非就是一群人湊一塊吃吃喝喝罷了，一點正經事都沒有。

但這只是局外人不知內情的感慨，事實上，你千萬不要小看上級來指導視察，這裡面其實大有名堂，不只是公款吃喝、免費旅遊那麼簡單。因為上級前來指導得越多，受到關注就越大，該部門或專案得到的經費，也就會水漲船高。這就是經費定律。一項工作能不能順利進行，影響進度的快慢，往往由上級個人意志決定的。

美國二〇〇二年的時候開展了一個太空領域的科技計劃，由兩位科學家共同負責。但

是，研究進行到一半時，就無法發展下去了，因為資金短缺，連個人的積蓄都用上了。那時，美國政府的精力和大多數經費全用在伊拉克，因此航太專案受到了極大的影響，關注度不高，所以儘管兩位負責人提出的設想很誘人，幾次申請，政府部門也沒有進行投資的意向。

後來，一位科學家就想了個辦法，他跑到美國太空總署，把一位高官「騙出來」，請他去自己的研究室看看。同時他找了幾個記者，將該高官去研究室的情形拍攝下來，製造了一個政府部門高官視察他的科研專案的假新聞，賣給了紐約一家電視臺，等於做了一個廣告。結果新聞一播，太空總署很不高興，就把科學家叫過去「問罪」，說你怎麼可以這樣，誰批准那個官員去考察了？

科學家一臉無奈地說：「我有什麼辦法，再不這樣，幾十名研究人員的心血就要白費了。」新聞播出不久，波音公司就找到了他們，表示願意對他們的專案投資。他們當然是看到了政府官員去他們研究室「考察可行性」的鏡頭，無論新聞是真是假，那位高官卻是貨真價實的。因此，投資方就從這裡面感受到了今後巨大的商機。

不管是政府機構還是私人企業，都有這樣的現象。專案唯上級的意志，經費看老闆的喜好；主管喜歡什麼，關注度立刻就上升。就像球類運動，在有些地方，政府不關心，成績就不好；政府部門一過問，立刻就有許多企業拿著錢去贊助球隊。一些冷門項目無人問津，上面的經費也就撥得很少很慢。相反的，首長們前呼後擁視察過的專案，經費卻是豐盈異常。

這裡表現的就是一種「拉錢」的謀略：想找經費，就要先尋找上級的關注。只有把你的專案列為上級的政績，你才會有充裕的經費。上級看不上的專案，對他的政績沒有幫助，他就很難去「指導」，相關的部門看風使舵，也就不會對那個地方追加投資了。這個，其實就是首長效應。領導者關注的東西很快就「升值」，領導者不關注的東西就一直處於「貶值」中。

做沒用的事，是大多數人正在做的

所謂的一流政治家，他甚至可以許諾，在沒有河的地方建橋。

政客靠嘴生存，是全世界的官場法則，只要一到大選，各路政客就開始了表演，向選民許諾無數看起來很美的計畫，但當他真的坐到了那個位置上，就好像得了失憶症，以前說過什麼全都忘了。因此有人諷刺地說：「一個政客在當選前可以解決一切問題，但僅限於當選前。」

在官場，做沒用的事情，是大多數人正在做的。他們知道，幹實事的職員雖然很受老百姓歡迎，但卻很難打動上司。而且幹實事往往見效慢，弄不好就成了前人栽樹，後人乘涼，替自己的接任者做了嫁衣裳。所以，基於此，大多數職員就開始務虛不務實了，耍嘴皮子功夫。

吹得天花亂墜，紙上談兵，可惜全是美妙無比的畫，落不到實處。

政客定律表現的就是兩個方面：

第一，官場人員為了得到重用或某個位置，什麼承諾都敢許下。像在選舉時，每一位政客為了當選，都要迎合選民，所以嘴巴的功夫是不能輸的，每個人都勝過脫口秀明星。很多時候，就不得不開出空頭支票，否則你吹得泡沫不夠大，競爭對手比你的許諾更誘人，更動聽，你就很難當選了。

第二，官場人員總是喜歡做秀的，「放衛星」是他們撈取政績的一貫手法，曝光率是他們追求的東西。所以我們就看到越來越多驚世駭俗的事情，其中的始作俑者，不乏我們的職場人員。

其實早在兩千多年前，這條定律就已經在發揮作用了。

漢武帝的寵臣東方朔，跑到朝廷求職的時候，為了吸引皇帝的注意，就曾在嘴皮子上下過功夫。他在呈給皇帝的文章中瘋狂地讚美自己，說自己是全天下頭一號的美男子，帥呆了，像自己這樣的人才，不為皇帝效力，那簡直就是不能容忍的。全篇下來，沒一句是講述自己的治國之才的，從旁人的角度看，全是沒用的廢話屁話。但是漢武帝一看就樂了，覺得他很有特點，於是就給了他一個官做，後來還做到了很高的位置，成了武帝身邊的一位知名人士。

有了這位老前輩作榜樣，因此，也就有了後世很多效仿者，務虛不務實的投機者就日益增多，卻沒有看到東方朔真正實幹的地方。認為只要能引起上司的注意，就可以了。但是，**「空談誤國」，只做表面工程，即使被關注，也只是負面的關注，不但沒有造福於民，還會丟掉自己的前程。**看來，有志於在官場出人頭地的你，還是應該儘量與這條定律儘量保持距離吧！

想要向上爬，一定要保持梯子的穩固

把根基墊牢，進退才能有度。想要向上爬，一定要保持梯子的穩固。不然，當你倒下來的時候，梯子可能會砸到你！

這條定律是美國管理學家藍斯登提出來的，向上爬當然是職場人員的目標，誰不想坐上炙手可熱的位置呢，誰又樂意一輩子原地踏步呢？職場就是一個人人唯上、人人向上爭取的名利場；職場成功的唯一標準，就是屁股坐得有多高，手中的權力有多少。

但是，有想法不代表就一定能實現，它還有一個方法的問題。因為一個人爬得越高，對梯子穩定性的要求也就越高。如果你的梯子不穩，也就是基礎不牢，爬不到一半就可能掉下來，不是摔死就是被梯子砸死。爬上去當然很風光，但半路摔下來的情景也是極悲慘的！自己摔得慘不說，旁邊還有等著看你笑話的！

所以藍斯登就說，在你往上爬的時候，首先一定要保持梯子的整潔和穩固，否則你下來時可能會滑倒，或者爬不到最高頂，梯子就折斷了，啪！你從上面一頭栽下來，摔個四腳朝天。

怎樣才能避免出現這種情況？

藍斯登提出的解決辦法是：一個人要做到進退有度，才不會進退維谷；一個人在各方面萬事俱備，才能做到寵辱不驚。也就是打好基礎，下盤穩了再想下一步，不要急於冒進。否則，一旦重心不穩摔跤，後果是極其不美妙的。

三國時期，司馬家族的崛起史是一個很好的例子，司馬家族從司馬懿開始，就為曹操打天下，歷經曹魏三代帝王，權力越來越高，發展到了對魏國政局舉足輕重的地步，司馬懿始終隱忍不發，慢中蓄力，廣植黨羽，直到蘊孕了足夠強大的勢力，保證萬無一失，他的兒子才一舉顛覆魏國，併吞吳蜀，使得天下三分歸晉，正式當了大一統皇帝。用物理學的話來說，用十牛頓的力就可以達到的目標，司馬一家足足累積了一百牛頓。

這份耐心，想來我們今天的人，是難擁有的，我們現在想要的只是快點向上爬，馬上實現目標，想要就得能得到，恨不能一分鐘的時間都不要等待。就像爬梯子，梯子還沒放穩，也不看看這塊地是不是有點鬆軟，搭梯子的位置是不是夠結實，人就飛竄上去了，四肢並用往上爬，懷著僥倖心理，一廂情願地認為在自己爬上房頂之前，梯子是絕不會出問題的。但是根基不穩，爬得太快，掉下來也快，野心太大，是不會有好下場的，除非你能隱藏極深，不讓人看出自己的野心，並小心翼翼，慢步前行，這是最安全之策。

某公司新來不到一年的科員陳某，很有能力，理想遠大，工作努力，初來乍到，就為公司解決了一項重大難題，深得主管的賞識。陳某一看機會來了，就要求升職，請求主管給他更大的責任。

主管本來想再讓他鍛鍊兩年，但見他求戰心切，再說，他的能力確實很強，幫了自己不少忙，就破格提拔。結果，這遭到了他人的不服，有的人就抱怨，只是因為一件事做得好就被提拔，我們在單位這麼長時間，做過多少事情，憑什麼！

升職以後最怕的事情出現了——他遭到了下屬和同事們的聯合抵制，紛紛在後面挖他牆角，背後捅他刀子。具體說來，就是工作中不配合，外加打小報告。此後，陳某工作進展很不順利，上級這才發現陳某和其他人關係不會很好，於是對陳某的能力開始有所懷疑。畢竟，不能因為某個職員，而得罪一群職員。不久，陳某在這個部門待不下去，外調去其他部門了。

生活中有句名言，叫做心急吃不得熱豆腐。在職場上，這和藍斯登定律是異曲同工的，吃豆腐之前，總得做好充分的準備；向上爬的時候，也要看清現實，把梯子擺好，看看能否撐得住自己的體重，順便還得把退路留好，一旦梯子歪了，我怎麼逃生？一個混職場的人，如果連這點危機意識都沒有，那在職場也不會有什麼出息。捧到一塊熱豆腐，迫不及待湊上去，一定被燙成豬嘴。看見一把梯子，什麼都不想就往上爬，也一定會被摔斷腿。要知道，**職場有升職就有降職，有人爬上去，相伴隨的自然就有人掉下來，怎麼才能讓自己成為前者，而不是後者呢？才看看自己的梯子是否堅固再說吧！**

擁有兩種相反的思想，對行事卻無礙

如果你同時擁有兩種相反的思想和情緒，但是這些對你的行事卻無礙，你仍然能夠做出正確的決定，那麼，你的智力一定屬於上乘，成功的機率也更大。

法國社會心理學家托利得認為，測驗一個人的智力是否屬於上乘，只要看腦子裡能否同時容納兩種相反的思想而無礙於其處世行事，就可以了。因為這意味著一個人是否能夠容忍相反的觀點，是否能夠寬容地對待與自己不同的聲音。在職場上，這尤其重要，幾乎是做為領導者必須具備的一種基本素質。如果一個領導者總是無法容忍異見，那他在領導的椅子上是坐不長久的。

這就是職場上的托利得定律：寬容對待不同的思想，但又不影響自己做出正確的決策。

要能裝得下刺耳之言

領導者都難免會遇到下屬衝撞自己、對自己不尊的時候，或者對自己的思路極度不同意，提出的想法讓自己完全不認同。

宋朝的太宗皇帝就經常遇到這種情況，大臣的思路老是和他不同，還死活都不向他妥協，甚至大吵大鬧，唾沫都飛到他的臉上，可以說是嚴重對立。大臣敢對皇帝如此強硬，稱得上是大逆不道了，換成漢武帝、秦始皇那類霸君，早氣得命武士拖出去斬首了，但宋太宗既不處罰，也不表態，裝裝糊塗，行行寬容。

他對臣子的任何想法，都能裝得下，但在做決定時，又能不受到他們的過分干擾，是個心裡很有數的皇帝。這麼做是英明的，因為既表現了皇帝的仁厚，又表現了他的睿智，還保全了下屬的面子，讓那些大臣對他很尊敬，更是死心塌地地忠誠於他。

宋朝的言路廣開，形成了一種極度開明的政治文化，多元化並存，與宋太宗的行事風格的影響是分不開的。

第一次大戰前，德國首相俾斯麥與國王威廉一世就是一對這樣的完美搭檔。德國當時的強盛，不只是俾斯麥這個首相居功至偉，威廉皇帝的寬宏大量也產生了巨大的作用。

當時，威廉一世回到後宮，經常砸東西，摔茶杯，看起來氣得要命。這時皇后就會問他：「我尊敬的皇帝，您是不是又受了俾斯麥的氣？」威廉一世直言不諱地說：「是的，我快被他氣瘋了！」你看，他都氣成這樣了，但對俾斯麥仍是信任有加，說明他就是一位大肚能容的好領導者。也正因此，德國才能如此強大。相同的例子還有李世民的寬宏和魏徵的直諫。

什麼是好領導者的標準？威廉一世和李世民就是實例。再大的刺，他們都能吞得下，裝得住，不會因為下屬說話刺耳，就動用手中的權力公報私仇，打擊報復，而是公是公，私是私，個人榮辱置於一邊，理解屬下的公心，給他們創造最好的工作環境。

容得下刺耳之言，意味著能聽得進不同的意見，甚至是批評。這樣的領導者心胸寬廣，眼界高，他在職場的前途當然也是非常遠大的。允許不同的想法，並從容做出決斷，這才是聰明人的表現，也是一個人欲在職場有所作為必須擁有的一種優秀品格。

相容並包更益於決策，多聽方能不偏信

托利得定律的核心思想是，思可相反，得須相成。人們在商量問題的時候，是可以廣開言路、求同存異的，我們要想把事情辦成就需要人人相互合作，相輔相成。這樣，辦事效率就會最高，犯錯的機率也就越低。

一個人，特別是領導者，他在做事時，假如能夠做到三思而行，充分考慮不同意見，尤其是一些與自己主張相左的意見，那麼，他就可以全面地審視自己，周全細緻地思考問題，免於偏頗，從而不斷地調整自己的方向，做出正確的決策，這正是一個出色的決策者所應具備的優良品格。

不過，包容也不是做好好先生。只是說，**對於規則範圍內的爭論和思想的交鋒，可以允許大家自由發言；對待下屬的微小過失，上司也應有所容忍和掩蓋，理解別人與己不同的行事思路，但絕不代表做主管的要把頭埋進沙子，當什麼都看不見的鴕鳥。**寬容有一定的尺度，原則就是不傷害集體和自身最低限度的利益。

小灶有營養，大鍋飯多不精

往往越多人參加的會議，會議的內容可能不會重要。相反的，上司辦公室偷偷召開的小會議倒是十分重要。

小圈子定大事，大會議卻是走排場。所有重要決議，都將在會議結束或者午餐前最後五分鐘完成，中間的漫長時間，不過是走過場，練耐力。參加的人越多，會議的內容反而是在講空話練口才，而真正重要的問題，卻都在主要領導者之間召開的祕密會議中決定。這就是職場的會議定律。

有句話特別傳神，講的就是職場這種現象：小事開大會，大事開小會，特別重要的事不開會。而且你會發現，人多的會議不重要，重要的會議人不多；解決小問題開大會，解決大問題開小會，解決關鍵的問題不開會，不解決問題時卻老開會。歸根結底一句話，會議的價值是由出席會議的人數決定的，記住，不是正比，而是反比！

漢武帝時，當時的中國有內廷與外廷之分，都是經常開會決議軍國大事。但外朝擺門面，裝樣子，雖然文武百官上百人都參與，鬧哄哄的很隆重，都覺得自己跟主角似的，其實重要的問題皇帝早就心中有數了，他們站在下面唯一能做的就是聽皇帝訓完話，再舉手表示同意。真正有著決定作用的，是漢武帝和少數幾個心腹才能參加的內廷會議。武帝要決定什麼大事，就會事先把這幾個人召進宮去，開個閉門小會，定定基調，統一口風，商量第二天的早朝怎麼對付滿大殿的那群大臣，然後就是朝會上照本宣科地演示一遍而已。

武帝開創的這一套，在中國一延續就是兩千多年，後世的很多皇帝都學會了，今天的職場更是已經發揚光大，成為了一種潛規則。大會開始之前，必然是主管之間的祕密小會。所有的重要問題有了答案，再到大會上面去表演，去宣讀。當然，在大會上，也不是沒有爭議，也並非無人出來唱幾句反調，但大多數情況下，爭論都是在私底下了結的，該擺平，按理都在底下擺平，私底下的交涉，無非在酒桌上，青樓中，那裡，才真的是中國大人物開會議事的場所。

英國有部經典電視劇，叫做《是，首相》，裡面官僚形象的代表韓弗理有句名言，說的就是這個開會商量問題的道理：「一般而言，我們會提供三種選項。這三種選項無論大家選擇哪一種，對我們都是最有利的，而且看上去，是經由民主原則做出的決定。」韓弗理對議會後座議員的諷刺，更是充滿了對開會的調侃，因為所有重要的問題，不過是他這個首相常任秘書和首相在小辦公室商議決定好的，然後再拿出三個經過包裝的無論怎麼選都是唯一方案的選項，放到會議上去討論。

拿到會上講的話，討論的議題，基本上沒有「不利於團結」的。因此，官場的會議就是一個程序，大事小事決定下來怎麼辦的程序，該怎麼辦，其實私下裡都安排好了。不過，儘管是議一些早就定下來的事情，會上的議論依然要一本正經，表態說官話的時候，必須嚴格按照職場人員的地位、身份，依照等級秩序排列，誰先說，誰後說，絕對不得越級搶話。誰如果沒有按照事先商量好的辦，約定好的說，就算不會當場把你驅逐，事後也沒有好結果，肯定吃不了兜著走。

不只官場，職場亦是如此，盛行私下商議，開會走形式，過程序。每有大事，幾個握著實權的巨頭把事情都商量好了，開會的時候再攞出來，弱勢的一方即使有意見，也成不了氣候，只能忍氣吞聲。因此，**人在官場或職場，誰如果經常被叫去開小會，那可是「受重視、有實權」的證明。營養貴精不貴多，小灶有的是營養，大鍋裡裝的卻只是一些雜燴菜。**如果一個人只能是隨著大家旁聽一下大會，從來沒被領導者開過「小灶」，那他離在職場守得雲開見月明的時間只能是遙遙無期啊！

第九章　永遠要留有後手

剪指甲，多數人都是用右手，但我們的右手未必永遠管用，所以學會用左手剪指甲，還是很有必要的。職場是個變幻莫測的爭鬥場，名利場，一個人只有做多手的準備，事事都為自己提供多套選擇方案，才能游刃有餘。狡兔有三窟，才可進可退，進可攻，退可守。

開會時最後發言的總是說了就算的領導者

職場，最後發言的多是掌握大局的，經過一番的爭論，領導者需要最後發言定乾坤。另外，最後發言的機會也是最佳的，因為前面人的觀點再好，也不能面面俱到，領導者只要完善一下前面的觀點，就可以表現自己的優秀了。

每個人都想成為會議上最後發言的人，因為那是領導者的位置。但你知道說了就算數的領導者，為什麼總喜歡在會議的最後才發言嗎？這裡就涉及到了職場的發言定律：最後發言的一定是拍板決定的人。前面的人講得再多，也抵不上他在最後的一句。

第一個發言的是出頭鳥

我們經常在影視劇中看到這樣的情景，開會了，主管讓大家暢所欲言，有個人馬上跳出來，慷慨激昂地講了一番自己的觀點，接著就遭到大家的反對。

開會時，第一個發言的通常有兩種原因，一，他需要急切地表達觀點和需求，說明這個會議對他很重要，時間不等人；二，這樣的人往往都是出頭鳥，搶著發言說明他不懂職場，跳出來替他人做嫁衣，幫別人驗證某種觀點到底受不受主管歡迎，如果主管滿臉不悅，後面那些本來也持這種觀點的人，恐怕就得悄悄調整了，而第一個出來碰槍口的人，就成了犧牲品。

有些人喜歡搶先發言，是因為他有事業心，想出風頭，但這種風頭是一定不會有好結果的。所以，在會議室，切忌當第一個開口的人，應該把發言的前三個機會都留給別人，自己靜觀其變，爭取不鳴則已，一鳴驚人。

領導者的發言有引導性，所以要最後講

從另一方面講，正因為領導者的發言往往具有引導性，所以他會選擇在最後發言，避免讓手下跟風，聽不到他們的真心話，聽不到更多角度的建議。因為領導者一開口就是「金玉良言」，就代表著某種選擇的傾向，是他個人喜好的一種表現。

領導者如果率先表了態，對會議的討論氣氛就是一種最大的傷害。某行政單位內部會議上，做為負責人的孫主任急於表現自己，大家還沒介紹自己的想法，他就先抓著針對這次會議內容的整改問題，把醞釀已久的思路酣暢淋漓地講了一遍。結果，下屬們在發言時，全都成了跟屁蟲，對主任的想法大拍馬屁。即使有異議的，也都臨時做了修正，在總監的思路大框架下，提了一些不痛不癢的相反意見。會議的氣氛完全變了，根本達不到實質的作用。

事後，局長把他叫到辦公室，面色嚴肅地問他：「你知道自己錯在哪兒嗎？」孫主任很清楚自己的失誤，他虛心接受了上司的批評，以後再有會議，他就變得安靜了很多久，不到萬不得已，自己絕不在會議中插言。

領導者需要集思廣益，再最後定奪

開會的目的是討論，領導者最後發言的目的，則是留出足夠的時間和空間，鼓勵大家把想法都說出來，有利於集思廣益。他可以綜合所有人的想法，再結合自己的一些思路，最後做出最明智的決定。也就是說，領導者最後發言其實不是因為擺架子，而是站在全局的角度，他需要這麼做。他只要完善一下前面優秀的觀點，做個總結，就可以了，省時省力，又能充分利用下屬的智慧，肯定他們的努力，實在是一舉多得。

但是一旦某個權威或者領導者發話，那麼其他人就會受到很大的影響，這是對討論本身的傷害。所以，也有人發明了一種方法，即：大家先不交流，封閉思考，把各自的想法寫下來，由會議的主持人彙總後發給大家，再進行討論。這樣的話，每個人就能夠發揮獨立思考的能力，可以不受他人的影響，領導者也能看到所有人是怎麼樣想的，從而不影響他綜合大家的智慧，使團隊的力量達到極致。

因此不管怎麼說，為了保證大家都把想法說出來，領導者最後發言還是很有必要的。從另一個角度講，如果你要看清誰是真正的領導者，可以到他們的會議室去，最後發言的那個人，他八成就是掌握實權的人。

學會用左手剪指甲，因為你的右手未必永遠管用

狡兔有三窟才能免於一死。職場多變幻，做一手的準備，還要有第二套、第三套方案跟進，只有這樣，才能坐穩，坐高。

備份定律不僅適用職場，也適用於生活的各個領域和層面。沒有人可以憑藉一招吃遍天下，因為誰也無法保證這一招永久有效。就像剪指甲，多數人都是用右手，但我們的右手未必永遠管用，所以學會用左手剪指甲，還是很有必要的。

職場是個變幻莫測的爭鬥場，名利場，一個人只有做多手的準備，事事都為自己提供多套選擇方案，才能可進可退，游刃有餘，狡兔有三窟，才能進可攻，退可守。

太有自信的人不適合領導

諸葛亮揮淚斬馬謖的故事我們都知道，馬謖之所以最後落了一個人頭落地的下場，就

是因為他太自信，對自己的要求是只能進，不能退，不但立下軍令狀去守街亭，一點餘地沒給自己留，去了之後，在戰術選擇上也犯下了致命的失誤，將營寨安於山丘之上，只給了蜀軍一種選擇，那就是只能率先發現魏軍，然後衝下來殺敵，一旦被魏軍圍住山頭，蜀軍就只好坐以待斃了。

果然，形勢比人強，當戰情出乎馬謖事先的預料時，他再想調整，已經為時已晚，蜀軍大敗，馬謖失了街亭，回去就讓諸葛亮殺了。本來，丟掉一個據點，也不至於是死罪，但那張軍令狀，可以說是馬謖這人缺乏智慧的另一個表現。若不立軍令狀，還有戴罪立功的可能，軍令狀一立，上面寫得明明白白，兵敗就甘願獻上腦袋。好吧，諸葛亮想不殺你都不可能！

人若太自信，就容易獨斷專行，而且不給自己留備選方案，因為他相信自己那份唯一的計畫一定會成功，絕不會失敗。無論戰場還是職場，悲劇就是這麼釀成的。所以才有句俗話說：「我不是輸給了對手，而是輸給了自己。」沒錯，兔子有三個窟，牠就可以逃脫獵狗的追逐；人若多幾個備用方案，備選的後路，做起事來也就不致於摔跤或者撞得鼻青臉腫了。

為自己準備第二、第三把武器

永遠不要拘泥於一個方案，一種原則，要隨時準備備用思路，靈活選用。對自己某一方面的才能，也不要太有自信，太依靠，要有第二手甚至第三手。長槍耍得再好，也要在腰裡別一把鋒利的小匕首。

明朝崇禎皇帝是亡國之君，堅守京城，被李自成攻破城門，然後他無奈自縊吊死在景山上。歷史是不可改變的事實，但我們反過來想，當時真的只有這麼一種選擇嗎？

眾所周知，明朝除了北京是正都，還有一個陪都南京，有一套完整的行政體系，可以隨時擔負起正都的職責。其實，如果崇禎早做打算，在起義軍圍住北京之前，就退守南京，重整旗鼓，集合明軍其餘人馬，就可進行反擊。並且，如果崇禎不死，關外的吳三桂也不可能投降滿清。但是，他只為自己準備了一種選擇，一把武器，就是在北京決一死戰。沒給自己留退路，結果他死了，大明朝也沒有退路。也因為他的死，吳三桂找到了投降清軍的絕佳藉口，帶著幾十萬滿清騎兵殺進關來，打著「為崇禎皇帝報仇」的旗號，攻占了中原。

崇禎之死，其實就是典型的腦袋一根筋的下場。

開會也是如此，領導者讓我們坐到會議室，他要聽的不僅是你的方案，而且要看你的想法是否跟他保持一致。所以，這就要求我們拿著多套方案進會議室，先探領導者口風，體會其喜好，再拿出最喜歡的方案給他看。有些腦子一根筋的人，往往就會犯了上面的錯誤，拿著「長槍」就進去了，去了才發現領導者喜歡的是「短刀」，再臨陣磨槍，已經晚了，被同事搶占了先機。這種事一經發生，得寵的就是你的同事，而不是你了！

職場不僅僅是幾間辦公室、一群泡茶喝水的人，而且是一個大的生態場，足以讓你窺一孔而知全貌，從中洞明世事，參透人情。**如果不懂得變化、多為自己準備幾張面具、做幾個應對的備份，就會臨陣失機，讓人搶了先，出了風頭。**而且，我們就算為自己留退路，也不可能只備一條「華容道」。手中拿著屠龍刀，懷裡穿著金絲甲，再扛一柄威力無比的霸王槍，能攻能守，進退有據，那才能從容不迫地應對職場的各種突發情況。

主管最喜歡的資訊就是下屬所打的小報告

小報告，古時稱讒言。職務越高，歷練越多，心眼也就越多，需要的資訊就越多。官場從來沒有絕對的信任，所以小報告也就更流行。臺面上的永遠沒有背地裡的資訊有價值。

在職場守則裡有這麼一條，就是你做的事情，主管要知道，而且主管也會想辦法知道。但是並不代表別人做了什麼，你也一定要讓主管知道。主管喜歡聽小報告，並經由這種方式掌握下面的資訊，這就是資訊定律。

做為上級，他們喜歡下屬悄悄告密，覺得這樣自己知道下面的人做了什麼事。聽小報告的主管和打小報告的員工，是天生的一對。每個部門、每家企業都有的，但是做為職場中人，對待打小報告的人，既要用也要防，因為你不知道將來自己垮臺的時候，那封匿名信是不是他寫的。

主管不喜歡小人，但喜歡小報告

一個人的職務越高，他距離下面真實的情況就越遠，因為他得到資訊的正規管道需要越多的下屬，每隔一層，就會失一分真，多一分虛假。所以，小報告就開始流行了。他需要在下面選擇一些小人，經由他們得到一線的資訊。比如，哪名下屬背著自己在做什麼，哪些人對自己不忠心，還有哪些人做事的時候不認真。

表面上的資訊是不真實的，桌底下的小道消息，卻往往一針見血。當然，我們很難排擠做小報告的人惡意誹謗中傷的情況發生，但一般而論，主管在這些資訊面前是有自己的分辨力的。

主管因為一些不實的小報告而整治了某人，並非因為他相信這些假消息，而多數是由於主管正想找個藉口，打小報告的人不過是摸準了主管的脾氣，投其所好罷了。

某部門的一個職員，她每個星期把大家的工作狀況，和自己耳朵聽來的統一寫成報告交給主管。但是有一次，印表機壞了，她以為她印了一份，結果是印了兩份，留了一份在印表機裡。很不幸，這份被同事拿到了，大家湊過來一看，個個張大嘴巴，既憤怒又害怕，因為上面連誰說了主管的壞話都有，非常詳細，簡直比特務還專業。

這時大家才明白，為什麼最近一段時間，她工作不怎麼樣，卻又被加薪又被表揚，原來精力都用在這上面了。從那之後，大家沒有人再和她說過一句話，但同事們也不知道，主管究竟布置了多少這樣的眼線？又有多少人充當了這個角色。

這就是小報告的威力。不過，主管雖然都喜歡聽小報告，但沒幾個主管會真正地喜歡這些小人。對於他們，主管大多是出於利用的角度。雖然也會加薪升職，但只是給點不痛不癢的甜頭，絕不會把這樣的人提拔到重要的崗位上。因為主管也擔心自己的椅子，被這種人一個小報告給拿了去。

歷史上，有多少告密者都是在利用價值失去之後，被一刀奪了命的。用完就殺，這是古代的高官顯貴們對待小人的態度。經由這種態度，做領導的，就可以讓下屬之間互相監督，還可製造一種「恐怖氣氛」，防止有人在背後隨便說自己的壞話。

小心被人打小報告，就得為自己安上「第三隻眼」

身在職場，讓人背後捅了刀子，處理的方式無非是申辯、解釋或者指責。這都已毫無意義，只會讓人留下小氣和計較的印象，為自己造就一個不利的工作環境。而且主管還會更堅定地認為「小報告」的內容是真實的，對你的印象更不好。

閻王好見，小鬼難纏。對小人，就要儘量不跟他有衝突，否則他就會無中生有，造謠誹謗，找機會向主管「告發」你。因為喜歡打小報告的人都有一個特點，只看到別人臉上的一點黑，沒有看到自己一臉的黑。他們樂此不疲，並不覺得是什麼羞恥之事。

所以，你首先要做的，是注意自我保護，減少讓人抓住把柄的機會，為自己安上「第三隻眼」，時刻觀察辦公室的形勢，看清事態，認清人，防止有人套取你心中的祕密；其次，對付小人，既防範，還要團結。提防小人的最佳策略是成為小人眼中的「朋友」，他覺得你跟他是一伙的，就不會背後打你的小報告了。

理解「小報告」——有壞處也有好處

凡事有利有弊，主管身居高職，可謂「高處不勝寒」。他們一般情況下很難聽到真話，身邊全是拍馬屁的。下屬做錯了事，都會先隱瞞，或者儘量減輕罪責，只揀好聽的或不太壞的說，主管就成了睜眼瞎子。要辨偽存真，他只能利用下面的小人，用小報告來探聽實情。

從這一點來說，小報告不僅有壞處，好處也很大。因此，要想前途好，混得開，你就得理解「小報告」。因為做主管的，他高高在上，不可能事無巨細地深入到每一個角落，他對盲區的瞭解就靠那些打小報告的小人，我們身邊也真的存在很多專門做這些事的小人，因此就被主管利用了。

但是，主管離不開打小報告的人，卻也不會真正重用打小報告的人，他知道小人不可信。小人會一時得勢，但絕不會做強做大，他們只是強者的附庸。如果你明白這一點，相信你在職場，就會知道自己該怎麼做了。那就是，巧妙避開小報告的傷害，並時刻謹記：不到萬不得已，莫打別人的小報告，因為小人做不得。做了小人固然一時得意，但卻會換來一世失意。

當主管沒有不被人罵的，罵他的人越多，升得越快

賣衣服的人都知道，挑衣服的人才是真的顧客。職場也是如此，被罵的那個往往受到關注，上司希望他做出什麼。而罵的越多，就表示指點越多，自然提升也就越快。

和珅整天被乾隆罵，這事辦得不行，那事一塌糊塗，但和珅官運亨通，青雲直上，權傾天下，直到乾隆死了，繼任的皇帝嘉慶對他客客氣氣，一句也沒罵過他，但是很快就把和珅殺了。相反的是，劉墉那樣的大臣是很少挨皇帝罵的，卻很難升遷，最風光的時候也難以達到皇帝寵臣的地步。這就是職場上的挨罵定律，很奇妙，但自有它的道理。

挨罵說明受上司關注

上司喜歡你，才會希望你事事都做得好，一旦不如意，就得訓幾句。這跟買衣服是一

樣道理，看幾眼就走的，肯定不會掏錢買，拿著衣服挑來挑去：「這裡有毛病，那兒不合適……」反而這樣的顧客，他才是那個會掏錢的消費者。在官場、職場，上司對待下屬，也有這種心態，恨其不成器，才會怒火沖天地把他訓個劈頭蓋臉。如果一點興趣都沒有，甚至打算開除一名下屬，他才不會浪費口水惹一肚子氣呢。

某機關一個姓趙的部門主任，經常讓局長罵，說不定哪時候就被秘書叫過去，這時員工們就聽見裡面地動山搖，局長的聲音像打雷一樣，大家都擔心趙主任能否挺得住。有些人就說：「唉，前途堪憂啊，局長明顯不喜歡他呀！你看，恨不得活剝了他呢！」可是沒多久，奇怪的事情發生了，趙主任竟被破格提拔，成為了局長助理，而且有望被更上一級的長官升為副局長。

大家想不明白，為什麼一個總是做「錯事」的人會升職？其實他們應該想到的是，為什麼趙主任能夠得到這麼多「做錯事」的機會。

在職場，挨罵的都是些勤勞能幹的人，也都是鍛鍊機會多的人，通常也都是主管的「自己人」。而那些懶包蛋無事可做，十天半月見不到主管的面，當然也就沒有挨罵的機會。這樣的人不是主管的自己人，得不到重用，常處於被冷凍閒置的狀態，自然更是很少挨罵了。可是，他們的前途也是為零的。

所以挨罵就具備了兩種好處：

一，被下面罵，說明他替上面頂了雷，背了黑鍋，有付出肯定有回報，好事！

二，被上面罵，說明上面重視他，否則根本不會理他，自然也不會罵他，又是好事！

不挨罵反而是危險的

只有兩種人不挨罵，一種是最大的領導者，最頂頭的上司，或者老闆之類的人物；另一種，就是那些繞著事情走的庸人，揀好做的事做，挑簡單的工作，一點錯誤也不犯，可是從沒做過回報率高的工作，在上司眼裡，這樣的人價值就是為零，滿街都是，也就不值得罵，不值得關注。

如果你沒挨過上司的一句訓，每個主管見了你，都是禮貌性的一笑，連話都不說一句，那你就得儘快反思了：為什麼我不挨罵？為什麼我得不到鍛鍊的機會？為什麼主管不重視我？

有些人一生都能落個耳根清靜，可以很自豪地說他沒犯過一次錯誤，上司挑不出他的毛病。但此時你可以看到，他這一生幾乎沒怎麼升職。有的人一輩子都只能做個小組長、小課長，名聲很好，但就是得不到提拔，原因就在這裡。

挨罵的不一定是英才，但一定是受主管喜歡的人。主管常讓他辦事，尤其總讓他為自己辦些私事，免不了就得斥兩句。這跟自家孩子一樣，說訓就訓，可是別人家的孩子，距離就遠了，你會動不動就開口訓斥嗎？所以挨罵的是家人，不挨罵的只是路人，在職場，這可是不同利益陣營的區分。就像和珅，他貪汙腐敗，無惡不作，皇帝也整天罵得他狗血淋頭，可是他就是倒不了，奧妙就在於此！

所以，我們就能看到一個事實：多做多錯，不做不錯。凡是能幹者，上司自然就會交辦更重要的事。而無論是多麼能幹的人，事情做得多了，難免就總有出錯的時候。上司本就因為信任你，而讓你去做。所以一旦出錯，挨罵是必然。這是一個原因，另一個，是親近者常挨罵，疏遠者不挨罵。上司把你當作他身邊的人，視為心腹，什麼事都讓你做，但心情不好的時候，他也會在你身上發洩，挑七揀八的，好像看你什麼地方都不順眼。其實，他是需要一個情緒的宣洩平臺而已，罵得你頭暈轉向，事後他還會感激你。

上司信任的一些能幹之人，也是挨罵的主要人群。上司因為信任你，對你深有寄望。而你因為一時失誤，或者各種原因而辜負了上司的信任，那麼你挨罵的「機會」就來了，而且這一場罵，將會是暴風驟雨。但如果你沒有犯極其嚴重的錯誤，你的前途不會有什麼影響，反而他會給你戴罪立功的機會。

而那些凡事做不來，凡事做不好的人，反而少有挨罵的機會。一則，上司不會把重要的事情交由他們去做，這就減少了他們出錯的機會，當然就更少了挨罵的機率。二則，上司本來就對他沒有期望，或者說心底早已放棄了對這些人的要求，他就更沒有罵他們的理由了。

看到了吧，如果有一天上司不再理你，罵你的心情都沒了，那你離走人、離被淘汰也就不遠了。所以，**當上司對著你開炮時，千萬別傷心欲絕，你應該竊喜才對，因為這總比冷若冰霜、和你沒一句話可講的情形要好。只要你能把握住這些「挨罵」的機會，好好利用挨罵定律，是不愁沒有表現機會的。**當然，挨罵表示自己做錯了事情，一定要記得改正。

三人共牧一羊，羊不得食，人亦不得息

讓三個人共同負責一件小事，雖然三個人都很努力去做，但是，事情卻可能沒有讓一個人單獨去做要有效率。

「三人牧羊定律」和責任分散定律某種程度上有類似之處，一件事如果讓一個人做，他會做得很不錯，但如果交給三個人，則效率立降，出錯的機率也會增加。這就是三個人抬水沒水吃，還不如輪流由一個人去抬水。

共同負責就意味著無人負責

《新序》曰：「三人共牧一羊，羊不得食，人亦不得息。」讓三個人把一隻羊牽到草原上，然後命他們看好這隻羊。結果怎麼樣？三個人累得夠慘，羊餓得半死。為什麼會出現這種狀況呢？就是因為沒分清責任。共同負責就意味著無人負責，三個人你推我阻，誰也不想實際出力，分工不明，事情就做得丟三落四。到最後你要追究責任的時候，也搞不清楚到底是誰的錯。

這個故事跟《三個和尚》是同樣的道理，共同負責一件事，人就有推卸責任的心理，心想反正他們也有份，我得少出點力，讓他們多出力。人人偷懶，任務就懈怠了。那還不如指定一個和尚下去擔水，大家還能多少喝到一些水呢！

北宋有次黃河水患，皇帝派了兩名官員共同去治水，結果是越治水患越大，一查才知道，兩名職場人員去了之後，爭執不下，都想按自己的方案來，幾個月的時間，哥倆光爭吵內訌，正事一件也沒辦。他把兩名官員調回來治罪，另派一人前去治水，堅持按一個方案治理，兩個月不到，水患已然平息。

這讓我們聯想到部門之間的推諉情況，根源就是分工不明，責任不清。看上去好像每個部門都有份，其實最後就是各個部門都不想出力，盼著其他部門把事情解決。責任是共同的，可是事情卻是誰也不想做的。

「一人牧一羊」效率才最高

從牧羊定律就能看到，無論做何事，責任都要細化，每個人都有各自該做的事情，並且考核要精確。從「三人牧一羊」變成「一人牧一羊」，羊能吃飽了，人也不會太累，而且還省了內耗和爭鬥。將共同的責任變成單個的對應責任，這對職場或企業中的管理來說，才是真正的進步。

為什麼這麼說呢？「一人牧一羊」，他就沒有了偷懶的藉口和機會，因為除了他自己，沒人會幫他，他也找不到擋箭牌，所以只能完成任務再休閒。如果是兩個人或三個人，幾個部門糾纏在一起，事情就會在那兒曬太陽，效率差得驚人。

當然，這並非不鼓勵團隊合作，而是告訴我們，合作的前提是分工明確，各自管好自己的一畝三分地。就像生產線一樣，每人負責一個零件，組裝起來，就是一部完整的機器，這正是最佳模式的團隊合作。

然而遺憾的是，很多領導者並不懂得這個道理，做事的時候還是「大鍋飯」，獎勵的時候卻成為了某些「紅人」的獨角戲。這就在部門內製造了一種不公平和消極不作為的氣氛。事實上，**今天的社會中很多問題的發生，都是由於這個原因。「三人牧一羊」，既犧牲了效率，也犧牲了公正。**

不管做什麼，總是有支持你的人和與你對立的人

有羊的地方，就有狼來攪局。職場也是如此，有老實人，就有欺負老實人的人，自然還有幫助老實人的人。

常言道：「水至清則無魚。」天下有好人就有壞人，職場有好同事就有壞同事，一個人有朋友就有敵人。還有句話說：「不是冤家不聚頭。」

沒錯，你之所以老感覺冤家路窄，就是因為組合定律在發揮作用，不管你做什麼，你總能碰到知己和敵人，形成一對故事不斷、精彩紛呈的組合，你需要充分利用盟友的力量去抗衡對立的勢力，才能把事情做好。

職場有羊就有狼

「職場羊」是多的，因為總有想做些實事的人，他們有理想，有道德，不喜歡算計

人，只想在職場靠實幹混出點名堂。但他們不可避免會遇到「職場狼」，壞人壞官，因為利益的對立，跟你做對，設置路障，背後捅刀子，無所不做，不擇手段。所以，有羊的地方就有狼，沒有人能擺脫這個規律。

古代每當遇有災害時，朝廷就會開倉賑災，委派得力之臣下去監督糧食的發放。而每當這時，那些貪官汙吏也就露臉了，都想從中分塊蛋糕。換言之，在職場只要涉及利益時，就是一場好官與壞官的大聚會，大碰撞。

這是官場與職場的人事規律，利益糾葛，派系林立，你總能找到自己的陣營，也總是擺不脫對立的利益陣營。因為穩定的狀態就是利益的平衡，不可能全是好官，也不可能全是壞官。要在職場站穩腳，首先就得接受這個現實。

有句話：天下事最怕結盟。其實，不結盟反而不正常，結盟的原因是有對手。羊和羊結盟，狼與狼結盟，合起夥對付共同的敵人。所以即便再簡單的事，想真把它做成，也是有難度的，因為對手一介入，簡單就變成了複雜，複雜就有了凶險，稍有不慎，你就讓狼咬了一口，輕則摔一跤，重則丟官甚至有性命之憂。

上位者的故意安排

為什麼好人總能遇到壞人，好官總能遇到壞官？為什麼總有人跟你過不去？你還要知道，這是領導者喜聞樂見的場面。領導者希望屬下有派別，有爭鬥，他們不希望屬下團結得像鐵板一塊，那樣他就沒辦法控制，而且很可能被架空。所以，領導者會故意安排這樣的組合。

這就是為什麼朝廷中的奸臣總是除不盡的根源了，皇帝既需要張居正這樣的能臣，也需要魏忠賢這樣的大奸之人。因為能臣太能幹，眼睛裡又揉不得沙子，即使皇帝做了錯事，他們也會進諫，要求皇帝改正。皇帝為了抗衡這種局面，就會重用小人和奸臣，所以從古至今，賢相的實力很強時，奸詐小人也會得勢，皇帝讓他們鬥得你死我活，他好從中得漁翁之利。

領導者為什麼希望這樣？只有屬下分成兩派，互相爭鬥時，這些人才都希望從領導者那裡得到支持，才會對他忠心，彼此揭對方的短，領導者才能得到真實的資訊，掌控局面。

做事不要一廂情願

想在做事時遇到的完全是自己人，這是一廂情願的。有時小人出來擋道，未必他就真的是小人，還可能是領導者的安排。領導者用君子來做事，然後小人來監督君子，用小人來制衡君子，以此保證自己的地位不受威脅。

所以，我們在做事時必須小心，千萬不可理想化，但也不必絕望。因為職場就是這麼一個各歸其位、各有所用的叢林，每個人都有自己的用處。老實人自然也能找到自己的位置，只要不犯在小人手裡，對小人敬而遠之，對領導者忠心不二，即便逃脫不了組合定律的影響，也無什麼大礙。

具體來說就是，**有幫助你的人時，你不必得意忘形，因為一定會有敵視你的人；遇到敵對者，也不必太生氣，因為你也能因此找到盟友。**這是職場獨特的生態遊戲，如果想在職場有所作為，就得接受這樣的現實。

當簡單的問題被重新提出來的時候，這個問題就不再簡單了

所有的人都知道一+一=二，但是求證一+一為什麼等於二卻要花費很長時間，其中涉及的，可能不僅僅只是數學、邏輯的問題。職場中，看起來再簡單不過的問題，當被提出來時，也就是大問題。

在職場，「問題」就意味著「麻煩」。最簡單的問題，往往會被拿出來當作整人的最厲害的殺招。劉伯溫有句話：小大由之（語出《論語》）。任何事，都可小可大，可簡單可複雜，全看皇帝的需要。就像我們都知道一+一=二，任何時候都是如此，可是當有人問你、非讓你證明為什麼會等於二時，你是不是立刻會感覺這個問題不簡單了？而且更重要的，是對方其實並不想知道這個問題的答案，而是他在故意刁難你。

這就是問題定律：簡單的問題重新提出來，意味著背後的動機很複雜，你就得小心再小心。所有危險的發生，其過程都很簡單，甚至讓你意想不到，因為人在職場就得睜大眼

睛看清楚，提著心肝想明白，對任何微小的問題，都不可掉以輕心。

難以說清的小事最要命

有些問題，它是很容易搞清，為什麼卻難以說清，尤其當一件事被放到很高的高度上時。有句話叫「此一時彼一時」，很多領導者整人，都是把過去一件很簡單、已解決的問題拿出來，做為把柄，把對手整死。尤其那些難以講清的小事，幾千年來，不知有多少職場人員在這上面落馬，輸得不明不白，死得一場糊塗。

某部門新來的職員劉某，有一天上午他手頭沒什麼工作，就打開電腦玩撲克遊戲，不小心被主管看到了。他急忙關了遊戲，胡亂找些資料翻看。主管微微一笑：「小劉啊，別緊張，工作做完了，休息調整一下沒什麼的。」主管和顏悅色，讓小劉大為感激，心想我來這兒真是來對了，碰到了這麼好的上級。

事情過去沒幾天，部門在業務上出了問題，老闆開會把他們狠狠地批評一頓，主管心情不爽，召開內部會議，眼睛掃了一眼，看到了小劉。小劉本想迎合一下主管的眼神，結果主管臉色已經變了，勃然大怒似地吼道：「我們為什麼工作做不好？為什麼？小劉就是一個很好的表現，上班打遊戲，無所事事，把公司當成自己的家，想幹什麼就幹什麼，還能出什麼成績？」

小劉一聽趕緊站起來，為自己辯解：「當時我已經把手頭的工作處理完了，才稍微放鬆一下的，這個您當時……」

「還狡辯！」主管根本不給他說話的機會，把桌子一拍：「做完了？你要是真的把工作做好了，現在我們還能惹上這種麻煩？」

這一來一往，小劉是百口莫辯，跳進黃河也洗不清了。在這個會議上，小劉一下就成了反面典型，成了所有問題的替罪羔羊。當時打遊戲本來是很簡單的事，主管看見了，也沒說什麼，結果現在舊事重提，一下就上升到了很嚴重的地步。小劉越想越委屈，這才明白職場是多麼難混，事事都馬虎不得，一點不能大意。從此，他就再也沒在辦公室玩過遊戲。

想永保安全就得防微杜漸

人在職場，沒人有義務告訴你應該注意什麼事情，所以再微小的問題也不能忽視，要防微杜漸，防止有人把發生在自己身上的簡單事搞複雜。要想不掉進這種問題定律的職場陷阱，我們就要儘量不在小問題上摔跤，其中最重要的就是養成謹慎的習慣。既然職場是個盛行抓小辮子的地方，那我們乾脆就把小辮子剪掉，永遠別讓它長出來。

一個小孩在玩一個荒唐的遊戲，柏拉圖就過來責備他。小孩子說：「就因為這點小事，你就要責備我啊，你看，這有什麼大不了的呢？」柏拉圖回答說：「如果小毛病養成了習慣，此小事就不是小事了。」

用問題定律來看的話，小問題之所以被搞複雜，恰恰因為我們在處理小問題時，沒能「斬草除根」，杜絕它被人小題大作的可能。**所以，問題的關鍵並不在於一＋一為什麼＝二，而是我們要讓對方沒機會問出這個問題。否則，處事總是馬馬虎虎，做人總是不謹慎不嚴密，終究會讓別人抓住機會，用一些最簡單不過的問題向我們發難。**你若輸在這上面，那可就太冤枉了！

清楚組織底細的人應該被開除

清楚部門底細的人，當他做出背叛部門的事情才更可怕。所以，底牌握在自己手裡才是最牢靠。為了避免傷及無辜，即使相信某人，也不要把底牌告訴他。否則，時間一長，信任不在，就可能多了一個危險的敵人。

一個知道你底細的人，有一天他背叛了你，後果是非常嚴重的。因為他對你知根知底，可以徹底把你出賣，讓你死無葬身之地。所以才有句話說：最可怕的不是敵人，而是朋友。這是由於朋友往往比敵人對我們更瞭解。我們通常都防範敵人，而對朋友毫無戒備，什麼都告訴他。對一個組織而言也是這個道理，內部的人最危險，掌握祕密最多的人，也是最應該被清除的分子。這就是職場上的康威爾組織定律：知道底牌的人，他很快就要消失了。

朱元璋原本是小明王的手下，在反元起義中，他的軍隊掛靠在小明王的旗下，雖說實質上是自己的私軍，名義上卻還是小明王的臣子。所以，當朱元璋打下的地盤越來越多時，小明王就發來了聖旨給他，宣布自己要搬到朱元璋的所在地金陵。

此時，朱元璋正準備稱王稱帝，他哪會把小明王看在眼裡？就讓手下的大將廖永忠率領水軍去接小明王，名為迎駕，臨行前卻暗地裡對廖暗授機宜，在來的路上殺死了小明王。絆腳石一死，朱元璋很快就稱帝了。但是事情還沒結束，因為殺死小明王的祕密，還藏在廖永忠的心裡。廖永忠也不是傻瓜，他知道朱元璋要找機會殺人滅口，於是就裝瘋賣傻，還當著朱元璋的面吃餿水，傻得不成樣子。他就是想用這種形象告訴朱元璋：「你的祕密我不會說出去了。」

但他最後還是沒躲過這一劫，因為他知道朱元璋的底細，這就已經足以判他死罪。

所以，當領導者告訴你一些不可告人的祕密時，你不要興奮地覺得這是領導者對你的信任，是把你當自己人。其實這是在害你，你成為了他的棋子，將來也會成為棄子。「狡兔死，走狗烹。飛鳥盡，良弓藏。」獵狗通常知道主人在想什麼，想得到什麼，牠也會盡力幫主人去捕殺那些美味的獵物，但當草原變得乾淨、再無獵物可殺時，主人就要取刀殺狗了。

對於你，在官場或職場混的人來說，你從這條定律應該學到些什麼？

首先，不要試圖知道某些事情的真相，那並不美妙，組織的真相一點都不可愛，相反的還是一種凶險。一旦你知道了，你就等於惹上了麻煩，要麼你控制了組織，要麼組織把你清除。

廖永忠只是歷史上千千萬萬的例子中的一個。電視劇中有這樣一個情節：容妃被皇帝罰去刷馬桶，因為過度勞累，被塌了車的馬桶砸死了。一個貴妃以這種方式死掉，對皇家來說是難以啟齒的醜聞，康熙來了一看，立刻下令，把所有知道這件事的太監一個不留全都殺死了，還美名其曰「照顧容妃不周」。其實，他是害怕醜聞暴露。

另一部電視劇中，朱元璋在皇覺寺當和尚的一個好友聽說他當了皇帝，興沖沖地跑到大殿上討官做，還大談特談當年的事。結果怎麼樣？官沒要到，還差點掉了腦袋，多虧馬皇后說情，才免去一死，只割掉舌頭了事。皇帝不堪的過去，就是「組織」最大的祕密，誰知道誰倒楣，何況他還嚷嚷出來。

其次，永遠不要坦露自己的底牌，哪怕對你最親近的人。在職場上，人與人之間沒有友誼，只有利益。互相都是利用的關係，誰也不能保證今天的戰友，明天就不會變成勢如水火的仇敵。真到了那天，你今天吐露的底牌，就成了他對付你的絕佳利器。

我們常聽到有些人咬牙切齒地痛訴：「都怪我瞎了眼，看錯他了，我對他那麼好，教會他那麼多東西，什麼事都跟他講，結果他還反過頭來傷害我！良心讓狗吃了！」其實，重要的不是背叛者的良心有沒有讓狗吃了，而是這些人根本不懂得自我保護的極端必要性。

可以守祕密，還要會演戲

當然，想要演好，還是要有資本的。

首先，你得鐵面無情，不能有人情，要狠得下心，該冷則冷，該熱則熱，怎麼表演，對誰好對誰壞，要用利益的尺規去丈量，而不是是非公正。

其次，你還得有超強的分辨力，像爬樹一樣，看得清哪根樹枝對你有用，哪根會阻礙你。對你有用的，就得換一副忠誠投效的面具，拼命地巴結；對你沒用的，甚至阻礙你的，儘管他為國為民，盡公不顧私，極心為二慮，也得冷面無情，想辦法搞定他。自己收了好處，卻昧了良心。這種人，我們是做不得的，因為早晚會遭到懲罰。

但是，無論演技如何高，做了於國於民的壞事，就要用更多的面具來遮掩，但是，無論多麼謹慎的人，都會有馬失前蹄的時候，而當所有的壞事落到公眾面前，曾經的臉皮多麼高尚，都只能被踩到腳底。

人在官場，七分假，三分真。最後一張牌，永遠藏在口袋裡，不到萬不得已，絕不能甩出來。一個人要想在官場吃得香，喝得辣，混得開，就得記住這句話：有時候自己都不可靠，何況別人？沒有人會真心實意地幫助你，更不會有人終生為你保守祕密。所以，我們還是把祕密鎖在心裡吧，它就是你的未來前程、身家性命！

成功講座 374

我就是要教你玩陰的

海鴿文化出版圖書有限公司
Seadove Publishing Company Ltd.

作者　章岩
美術構成　騾賴耙工作室
封面設計　斐類設計工作室
發行人　羅清維
企畫執行　林義傑、張緯倫
責任行政　陳淑貞

出版　海鴿文化出版圖書有限公司
出版登記　行政院新聞局局版北市業字第780號
發行部　台北市信義區林口街54-4號1樓
電話　02-27273008
傳真　02-27270603
e - mail　seadove.book@msa.hinet.net

總經銷　創智文化有限公司
住址　新北市土城區忠承路89號6樓
電話　02-22683489
傳真　02-22696560
網址　www.booknews.com.tw

香港總經銷　和平圖書有限公司
住址　香港柴灣嘉業街12號百樂門大廈17樓
電話　（852）2804-6687
傳真　（852）2804-6409

CVS總代理　美璟文化有限公司
電話　02-27239968　e - mail：net@uth.com.tw

出版日期　2016年06月01日　一版一刷
　2023年08月01日　二版五刷
定價　350元
郵政劃撥　18989626　戶名：海鴿文化出版圖書有限公司

國家圖書館出版品預行編目資料

我就是要教你玩陰的／章岩作.
--二版，--臺北市 ： 海鴿文化，2021.09
面 ； 公分. －－ （成功講座；374）
ISBN 978-986-392-387-9（平裝）

1. 應用心理學　2. 職場成功法

177　110013056

Seadove